머리가 좋은 골퍼 나쁜 골퍼

누구나 10타 줄이는 골프 레슨

ATAMAGA II GORUFÂ, WARUI GORUFÂ
Edited by LIFE EXPERT
Copyright ⓒ 2008 by Kawade Shobo Shinsha, Publishers
First published in 2008 in Japan by KAWADE SHOBO SHINSHA Ltd. Publishers
Korean translation rights arranged with KAWADE SHOBO SHINSHA Ltd. Publishers
through Japan Foreign-Rights Centre/ Shinwon Agency Co.

이 책의 한국어판 저작권은 신원에이전시를 통해
저작권자와 독점 계약한 도서출판 이아소에 있습니다.
저작권법에 의해 한국 내에서 보호받는 저작물이므로 무단 전재 및 무단 복제를 금합니다.

머리가 좋은 골퍼 나쁜 골퍼

누구나 10타 줄이는 골프 레슨

라이프 엑스퍼트 지음 | 서영 옮김

이아소

여는 글

미리 말해두지만, 100이나 90을 깨지 못하는 골퍼는 머리가 나쁜 것이다!

"머리가 나쁜 편이라서……." "학습 능력이 없어서……."

골퍼들이 퍼팅에서 같은 실수를 반복하고 내뱉는 자조 섞인 푸념이나.

"바보!" "어디로 친 거야."

이것은 말도 안 되는 미스 샷을 했을 때, 자기도 모르게 입 밖으로 터져 나온 탄식이다.

이런 순간 대부분 본인이 '머리가 나쁜 골퍼'라는 사실을 인정한다. 하지만 그것도 잠깐의 자책일 뿐, 근본적으로 스윙과 코스 매니지먼트가 잘못되었다는 사실까지 깨닫는 사람은 드물다(혹은 인정하고 싶지 않은 것일까?). OB를 내고 고개를 갸웃하거나 "어어?" 하고 납득하지 못하는 골퍼가 많다는 것이 바로 그 증거일 것이다.

하지만 잘못된 스윙을 하거나 코스 매니지먼트에 실패하면 당연히 미스 샷이 나고, 볼이 러프로 빠진다. 전혀 고개를 갸웃거릴 일이 아니다.

상당수의 골퍼가 '올바른 스윙'을 알지 못한 채 그저 '잘못된 스윙을 몸에 익히는' 연습에 몰두한다. 자신의 기량은 외면한 채 무작정 행운만 바라며 승부를 거는 무모함을 보이기도 한다. 그러면서도 골프 실력이 늘기를 바라고, 좋은 스코어가 나오기를 바란다면 이 역시 어리석은 것이다.

골프라는 스포츠는 놀런 라이언 투수가 던지는 쾌속구를 받아칠 만한 반사 신경이나, 경륜 선수의 두꺼운 허벅지가 필요하지 않다. 멈춰 있는 볼을, 몸을 돌려서(스윙 해서) 친다. 제대로 된 동작이라면 초등학생이든 환갑이 훨씬 넘었든 간에 누구나 스코어 100 이하를 실현할 수 있는 운동이다.

다시 말해서 평범한 운동신경과 체력이 있음에도 불구하고 100이나 90을 깨지 못한다면 잘못된 스윙을 하거나 코스 매니지먼트에 실패하고 있다는 얘기가 될 것이다.

그러나 월 1회 라운드를 하는 골퍼의 75%가 100을 깨지 못한다고 한다(2008년 7월 일본 최대 골프 포털 GDO와 TV 도쿄 골프의 온라인 공동 조사 결과).

"그러니까 그만큼 골프는 어려운 거야"라는 핑계는 그만두자. 이렇게 변명할 수 있는 건 마지막 순간 엄청난 긴장과 압박으로 시합에 진 프로나, 핸디 하나 줄이는 것이 얼마나 힘든지 잘 알고 있는 싱글 플레이어 정도다. 100이나 90을 깨지 못하는 골퍼는 골프가 원래 어려운 스포츠라고 변명하기 전에 올바른 스윙과 정확한 코스 매니지먼트를 익혀야 한다. 골프가 얼마나 어려운 스포츠인지를 생각하는 것은 그다음 과제이다.

반대로 말하면 올바른 스윙과 정확한 코스 매니지먼트만 습득하면 누구나 100이나 90을 깰 수 있다는 얘기가 된다. 반복해 말하지만 올바른 스윙은 초등학생이나 고령자도 가능하다.

누구나 '머리 좋은 골퍼'가 될 수 있다. '머리 나쁜 골퍼'는 이 책에 적힌 내용에 무지했거나 혹은 알려 하지 않았을 뿐이다.

차례

여는 글
미리 말해두지만, 100이나 90을 깨지 못하는 골퍼는 머리가 나쁜 것이다! 5

chapter 1

스코어 메이크는 이것부터 시작한다
준비와 시작
최고의 컨디션을 만드는 힌트

'스타트 전 1시간'을 현명하게 보내는 방법 15
'스타트 직전 연습'의 숨은 덫 18
'스타트 전 연습 그린'에서 차이가 생긴다 21
라운드 중 '스윙 체크'에 주의하라 27
'스타트 홀 티 샷'의 명암 31
'처음 3홀'은 오감과 뇌를 열어라 34
'스타트 홀 그린' 공략법 37

chapter 2

아하, 이렇게 공략하면 되겠어
코스 매니지먼트
큰 실수를 미연에 방지하는 비법

'코스 매니지먼트'의 절대 원칙 43
'티 샷'은 어디를 노려야 하나 47
싱글도 모르는 '거리와 방향성'의 진리 50
'파5'의 여유로운 공략법 52
'파3'에서 큰 실수를 범하지 않는 공략법 55
'파4'의 똑똑한 공략법 59
'홀마다 정하는 목표 스코어'와 올바른 계획 63
'도박'을 할 것인가, '안전'하게 갈 것인가 66
'레이 업'에 숨어 있는 덫 70

거리와 '클럽 선택'의 착오	74
보이지 않는 '경사'에 주의하라	78
'업힐, 다운힐' 홀의 착각	80
올바른 '그린' 공략법	82
'OB를 내지 않겠다'는 각오의 함정	85
'OB를 내지 않는' 숨은 비법	87
'스코어 메이크'의 올바른 방법	90

위기에도 당황은 금물
chapter 3
코스의 해저드
궁지를 역으로 즐기는 지혜

골치 아픈 '바람'을 읽는 법	95
'맞바람'이나! 어떻게 할 것인가?	98
'러프'에 강한 사람, 약한 사람	100
'러프 샷'의 현명한 지혜	103
'페어웨이 벙커'에서 올바른 타법	105
'가드 벙커'에서 올바른 타법	109
'벙커 샷'의 거리감 파악하기	112
'모래에 박혀 있는 벙커 샷'의 올바른 타법	114
'티잉 그라운드'에는 덫이 많다	117

chapter 4
점점 자신이 생긴다
어프로치와 퍼팅
가까이 붙이는 비책

부드러운 '어프로치'의 기본 123
'어프로치' 미스를 줄이려면? 128
어프로치 '헤드업'의 오해 130
어프로치는 '그린의 어디'를 노려야 하나? 133
'원 쿠션 넣는' 어프로치 기술 136
어려운 라이에서 어프로치할 때 비법 138
퍼팅 이전의 '퍼터 상식' 142
퍼팅의 거리감과 라인의 오해 144
퍼팅 거리감이 맞지 않을 때는 147
'라인 읽기'의 의외의 맹점 150
'롱 퍼팅'과 '쇼트 퍼팅'의 역설 152
'행운의 미스 퍼팅'이 실은 가장 무섭다 154
짧은 버디 퍼팅 성공하기 157

chapter 5
기분 좋게 라운드하기 위한
멘털 케어
자멸하지 않는 현명한 골퍼의 마음가짐

샷 직전에 머리를 스치는 불안 163
'미스 샷'을 했을 때는? 167
드라이버 샷이 숲으로 들어갔다! 171
플레이 전체의 '리듬'을 만드는 법 174
'실력이 뛰어난 동반 경기자'의 어디에 주목할까? 177
코스가 밀릴 때 대처법 180
'자신 없는 홀'을 극복하는 방법 183
'마지막 3홀' 제대로 즐기기 185

의외로 모르는 사람이 많다
연습과 연습장
제대로 실력을 쌓는 비법 중의 비법

연습 전 골프 실력 향상의 상식	191
테마를 가지고 연습에 임한다	194
'스윙 개조'의 위화감	197
프로 골퍼의 연속 스윙 사진은 위험하다	200
'슬럼프'에 빠졌을 때 연습법	203
'연습 기구'를 활용해도 될까?	206
'실전'을 염두에 둔 현명한 연습 ①	209
'실전'을 염두에 둔 현명한 연습 ②	214
'라운드 후'에 큰 차이가 생긴다	219
골프는 '일상'이 모든 것을 말한다	222

이것만은 까다롭게
도구
후회하지 않는 최고의 선택법

드라이버를 고르는 현명한 기준	227
샤프트는 'S'? 'R'?	230
드라이버 이외의 클럽은?	234
롱 아이언은 더 이상 필요하지 않다?	236
아이언 선택은 신중하게	238
그립의 세계는 심오하다	241

• 스코어 메이크는 이것부터 시작한다 •

준비와 시작

최고의 컨디션을 만드는 힌트

'스타트 전 1시간'을
현명하게 보내는 방법

머리가 좋은 골퍼 워밍업은 연습보다 스트레칭
머리가 나쁜 골퍼 연습장으로 직행해서 무작정 볼을 친다

머리가 좋은 골퍼와 나쁜 골퍼. 그 차이는 라운드 직전부터 확연하다.

내일 즐거운 라운드를 앞두고 있다면 머리가 좋은 골퍼는 전날 밤 무리하게 연습하지 않고 일찍 잠자리에 들어 수면을 충분히 취한다. 그리고 반드시 아침 식사를 한다. 집에서든, 골프장 가는 길 편의점에서든, 클럽하우스 식당에서든 상관없다. 속이 든든하지 않으면 라운드 도중에 체력이 떨어진다는 사실을 잘 알고 있다.

또한 머리가 좋은 골퍼는 준비 시간을 역산해 당일 아침 일찍 일어나, 티업 1시간 전에 골프장에 도착한다.

여기까지는 굳이 말하지 않아도 실천하는 사람이 많을 것이다. 머

리의 좋고 나쁨을 확연히 가르는 또 한 가지 기준은 골프장에 도착해서 티업을 할 때까지 '1시간을 어떻게 보내는가'이다.

머리가 좋은 골퍼는 우선 스트레칭을 충분히 한다. 프로 골퍼에게도 아침 스트레칭은 당연한 과제라 시합 당일 클럽하우스의 라커룸이 마치 헬스클럽처럼 변신한다. 평소에도 체력 단련을 하면서 스트레칭을 하지만, 특히 라운드 전에 몸을 부드럽게 만들지 않으면 베스트 퍼포먼스를 발휘할 수 없다는 사실을 너무나 잘 알고 있다.

프로가 이 정도인데, 평소 그들만큼 트레이닝이나 스트레칭을 하지 않는 아마추어가 라운드 전에 아무것도 하지 않는다는 것은 어불성설이다.

하지만 실제로 스트레칭도 하지 않고 연습장으로 직행해 무작정 볼부터 치거나 티업 직전까지 클럽하우스 식당에서 커피를 마시면서 시간을 때우다 연습 그린에서 볼을 몇 번 굴려보는 사람들이 대부분이다.

이는 한마디로 골프를 쉽게 보는 행위라고밖에 할 수 없다. 골프도 스포츠인 이상 워밍업이 반드시 필요하다. 워밍업 없이 무작정 드라이버부터 휘두른다면 제대로 맞을 리가 없다.

티업까지 시간이 넉넉하지 않을 때도 마찬가지다. 스트레칭 시간을 줄이고 연습 시간을 욕심내는 골퍼가 적지 않다. 연습 없이 스타트 홀에 나서서 볼을 치는 것에 대한 불안감은 이해하지만, 오히려 역효과일 뿐이다. 스타트 전에 벼락치기로 20~30개의 볼을 친다고 해서 골프 실력이 늘지 않을 뿐 아니라, 갑자기 풀 스윙을 하면 허리에 무리가 가기 쉽다. 그보다 스트레칭으로 몸을 부드럽게 풀어주는 편이 스타트 홀에서 실수할 확률을 한층 낮춘다.

스타트 전의 중요도에 우선순위를 따지자면 ①스트레칭 ②연습 그린 ③연습장이 될 것이다. ①밖에 하지 못했다 하더라도 티업 전에 몇 번 정도 연습 스윙을 하면 몸이 개운하게 깨어날 것이다.

급하게 연습하는 것이 최선은 아니다. 우선 충분한 체조와 스트레칭으로 근육을 풀어 혈류를 촉진하는 등 컨디션을 조절하는 것이 제대로 시작하는 방법이다.

'스타트 직전 연습'의 숨은 덫

머리가 좋은 골퍼 연습장에서는 '리듬'과 '당일 구질'을 확인
머리가 나쁜 골퍼 무조건 많이 쳐보고 스윙의 단점을 고치려고 한다

스트레칭도 충분히 하고, 아직 티업까지 시간이 있다면 물론 연습을 하는 게 좋다. 다만 머리가 좋은 골퍼와 머리가 나쁜 골퍼는 스타트 직전의 연습에도 차이가 드러난다.

우선 볼의 개수다. 평소 연습이 부족하고, 오랜만에 하는 라운드라는 생각에 50개 이상 열심히 쳐본다. 그러나 무리하는 것은 역효과다. 오히려 피로가 쌓여 정작 중요한 라운드에서 체력이 떨어질 수 있기 때문이다. 또한 티업 전에는 대부분 시간이 넉넉하지 않다. 짧은 시간에 50개 이상을 치다 보면 아무래도 스윙이 거칠어질 수밖에 없다.

머리가 좋은 골퍼는 1바구니(24~25개)나 많아도 2바구니에 그친다.

그것도 막무가내로 시작하지 않고, 웨지 2개를 잡고 천천히 연습 스윙을 먼저 한다. 무거운 것을 느긋하게 휘둘러보면서 체중 이동과 상반신 회전, 허리 동작, 리듬 등 골프에 필요한 '스윙 감각'을 찾는 것이다.

몸이 서서히 스윙 감각을 기억해내면 우선 샌드 웨지로 가장 자연스럽게 할 수 있는 스윙을 해본다. 50야드라면 기분 좋게 50야드가 나가는지, 평소 리듬대로 스윙이 되는지 확인한다. 그리고 30야드, 40야드, 50야드, 60야드……, 거리별로 나누어 연습한다. 여기까지 사용한 볼은 7~8개.

다음으로 쇼트 아이언(9번이나 8번)과 미들 아이언(6번이나 5번)을 각 5개씩. 하프 샷에서 스리쿼터 샷[1] 정도로 충분하다. 실전에 들어가서도 '아이언을 풀 스윙 할 필요는 없다'는 사실을 머릿속에 되새긴다.

그리고 다음은 드라이버. 스타트 홀이라 상상하면서(처음 방문한 골프장이라도 연습장까지 가는 도중에 스타트 홀을 볼 수 있는 경우가 많으니 살짝이라도 눈에 익혀두면 좋다) 3~4개. 이때도 힘을 주지 말고 체중 이동과 몸이 잘 회전하는지만 확인한다.

마지막으로 진정하는 의미에서 샌드 웨지를 3~4개. 이것으로 대략 1바구니가 될 것이다. 소요 시간은 15분 정도다.

거리가 긴 홀이 많다면 페어웨이 우드와 유틸리티, 롱 아이언을 연

---

[1] 스리쿼터 샷: 풀 스윙의 3/4만 치는 샷. 1/2은 하프 샷.

습 리스트에 넣어도 좋다.

한편 프로의 경우는 스코어카드를 보면서 당일 라운드할 코스의 쇼트 홀 거리를 확인한 후, 이때 사용할 클럽을 꺼내 연습하는 모습을 볼 수 있다. 벙커와 어프로치 연습장이 있다면 벙커 샷을 3~4개, 피치 샷[2]과 로브 샷[3]을 역시 3~4개 정도 치면서 평상시 감각을 되찾는 것도 좋다. 이런 옵션을 더한다 해도 2바구니면 충분하다.

이 정도의 볼을 쳐보면 '오늘은 슬라이스가 많네', '훅이 나는 경향이 있군' 하는 식으로 당일의 구질이 파악될 것이다.

다만 행여 '오늘은 슬라이스가 많으니까 어떻게든 슬라이스를 고쳐야지' 하고 마음을 먹어서는 안 된다. 실전 직전의 벼락 스윙 개조로 라운드에 임하면 필시 그날 스코어는 참담한 결과로 이어질 것이다(아주 미세한 셋업 조정으로 스윙이 좋아지는 경우는 있지만).

아침 연습의 목적은 무엇보다 자신의 몸과 뇌에 스윙 감각과 리듬, 템포 등을 일깨우는 것이다. 아침 연습으로 골프 스윙이 극적으로 좋아지는 일은 절대 없다는 사실을 명심하고, 하루 종일 구질을 어떻게 가져갈 것인지 연구하는 것이 더 바람직하다. '스윙 개조'는 라운드 후의 연습에서 해야 한다.

---

[2] 피치 샷: 볼이 딱 멈출 수 있도록 로프트가 큰 아이언을 이용해 높이 쳐 올려서 그린에 떨어뜨리는 방법.
[3] 로브 샷: 페이스를 열어서 볼을 높이 띄워 거의 런이 나지 않게 하는 어프로치 샷.

'스타트 전 연습 그린'에서 차이가 생긴다

머리가 좋은 골퍼 연습 그린에서는 '당일의 거리감'을 파악한다
머리가 나쁜 골퍼 볼 3개로 오로지 컵만 노린다

　앞서 연습 그린에서의 퍼팅 연습이 연습장에서의 샷 연습보다 우선순위라는 것을 언급했다. 이유는 말할 것도 없이 퍼팅이 스코어와 직결되기 때문이다. 연습 그린에서 볼을 굴려보지 않으면 당일 그린의 속도를 파악할 수 없다. 이 과정을 생략하고 첫 홀의 그린에 올라가면 매우 불안한 퍼팅이 될 수밖에 없다.

　누구나 알고 있듯이 아침 연습 그린의 가장 큰 목적은 그린의 속도를 측정하는 것이다.

　그러므로 머리가 좋은 골퍼는 연습 그린에서의 첫 스트로크에 모든 신경을 집중한다. 우선 가능한 한 평탄한 라인을 찾고, 그 거리가

컵까지 10m라면 자신만의 10m 감각으로 쳐본다. 첫 스트로크는 지금까지 축적한 거리감이 고스란히 드러나므로 본인의 거리감보다 짧게 나온다면 그린이 느린 것이고, 오버한다면 빠르다는 사실을 파악할 수 있다.

따라서 정확한 거리감을 가지고 있는 골퍼라면 같은 곳에서 2~3개 정도만 쳐보고 자신의 거리감을 당일 그린에 맞추면 더 이상 연습 그린에서 볼을 굴릴 필요가 없다.

물론 이것은 어디까지나 이상론이다. 자신만의 확고한 거리감을 가지고 있고, 언제나 스트로크를 로봇처럼 정확하게 해내는 프로 골퍼만 가능한 기술이다.

사실 프로 골퍼도 퍼팅할 때의 자세나 스트로크 방법이 매일 미묘하게 다르다. 본인은 의식하지 못해도 평소보다 상체를 깊이 숙인다든지, 체중을 발가락에 조금 더 많이 싣는다든지, 퍼터의 페이스가 제대로 발휘되지 않을 수도 있다. 그 결과 평소와 달리 훅이 나거나, 더 세게 밀어내기도 한다.

그러므로 연습 그린에서는 당일 그린의 속도를 파악할 뿐 아니라 '평소대로 스트로크를 하고 있는가'도 체크한다.

다만 이것은 우선순위로 따지자면 두 번째에 불과하다. 아침 연습 그린에서 가장 중요한 것은 어떻게 치느냐를 따지기에 앞서 그린의 속도를 파악하고, 자신의 거리감을 맞추는 것이라 할 수 있다.

왜냐하면 퍼팅 승패의 9할은 거리감에 달려 있기 때문이다. 거리감만 맞으면 그린이 아무리 복잡한 라인이라도 1m 이내로 붙일 수 있고, 3퍼트 이내로 마무리할 수 있다. 하지만 머리가 나쁜 골퍼는 라인에 정신이 팔려서 제일 중요한 거리감을 맞추는 데 소홀하기 때문에 턱없이 짧게 치거나 크게 오버하고 만다.

그렇다면 연습 그린에서 거리감을 파악하기 위해서는 구체적으로 어떤 연습을 해야 할까.

사실 퍼팅의 거리감이라는 것은 아침 연습 그린에서 30분 정도 굴려보면 될 정도로 간단한 것이 아니다. 5m라면 5m를 수백 번, 수천 번, 아니 수만 번 쳐보고 나서야 비로소 '자신만의 5m 거리감'이 생겨난다. 즉 반복 연습을 할 수밖에 없다.

물론 아마추어 골퍼에겐 그럴 만한 시간이 없다. 그렇다면?

5m, 10m, 15m가 되는 곳에 표시(티를 꽂아두는 것도 좋다)를 하고 (혹은 컵에서 그 거리가 되는 곳에 볼을 두고), '5m를 친다', '10m를 친다', '15m를 친다' 하고 스스로 각인하면서 스트로크를 해보는 것이다.

이때 '테이크백을 오른쪽 새끼발가락까지 하면 5m'라는 식의 디지털적인 방정식에 집착하지 않는다. '5m라면 이런 식', '10m라면 이 정도'라는 '감'이 중요하다. 이 '감'이 흔히 말하는 '터치'인데 이것은 디지털적인 방정식으로 풀어낼 수 없으며, 그럴 필요도 없다.

기계적인 방정식을 만들면 오히려 그 '규칙'에 휘둘려 스트로크가 엉망이 되기 쉽다.

이제는 어느 정도 이해했겠지만, 정리하자면 아침 연습 그린에서

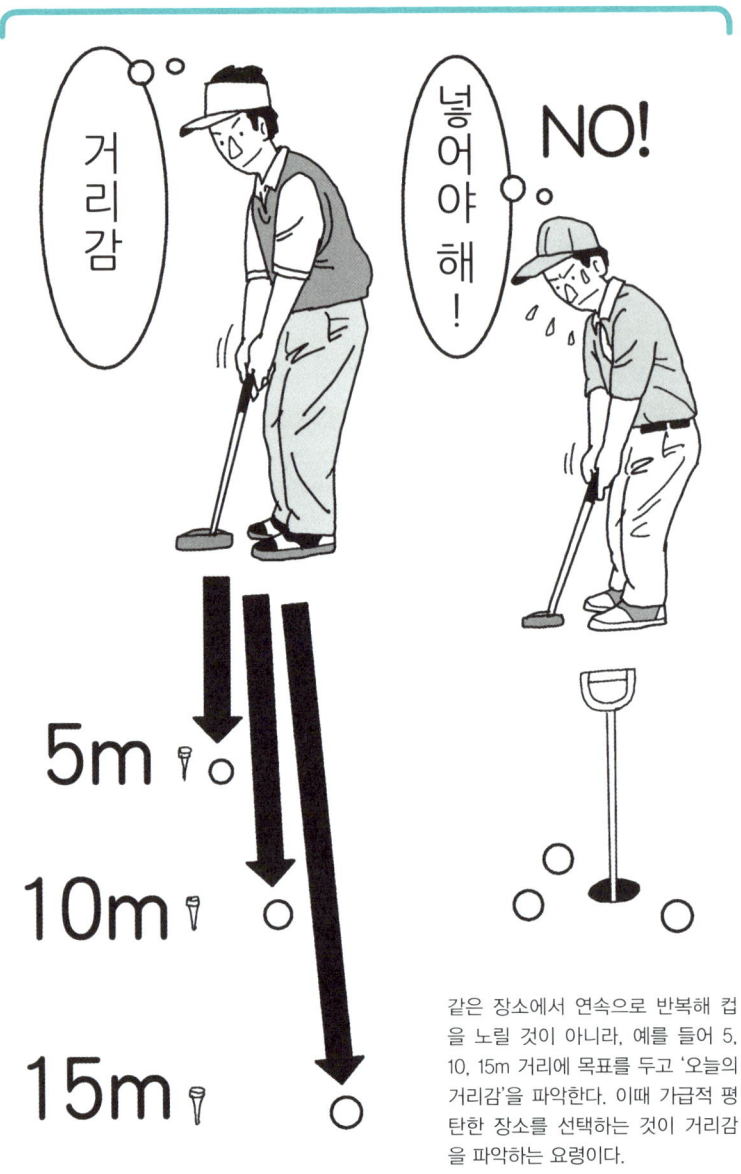

같은 장소에서 연속으로 반복해 컵을 노릴 것이 아니라, 예를 들어 5, 10, 15m 거리에 목표를 두고 '오늘의 거리감'을 파악한다. 이때 가급적 평탄한 장소를 선택하는 것이 거리감을 파악하는 요령이다.

계속 컵만 노리는 골퍼들의 연습이 얼마나 의미 없는 것인지 조금이나마 이해했으리라 믿는다.

'아, 생각보다 슬라이스 했는데', '그럼 조금 더 오른쪽을 노려볼까?' 이런 식으로 컵에 넣는 것을 목표로 초지일관 같은 곳에서 볼을 굴리는 골퍼들이 많지만, 이런 연습은 실전에 거의 도움이 되지 않는다. 왜냐하면 실전에서는 연속으로 같은 위치에서 세 번이나 퍼팅을 할 수 없기 때문이다. 단 한 번의 기회에 정확한 거리로 보내야 하는 것이 바로 골프다.

이런 연습을 할 바에야 사용하는 볼을 1개로 한정해 실전처럼(라인을 확실하게 읽고, 연습 스윙을 해서 거리감을 맞추고, 제대로 셋업 한 후) 컵을 노리는 연습을 하는 편이 낫다. 그리고 첫 번째 스트로크로 들어가지 않았다면 두 번째는 반드시 넣을 수 있도록 한다.

안니카 소렌스탐은 아침 연습 그린에서 바로 이런 연습을 한다. 실전에서 퍼팅은 기술보다 집중력이 중요하다. 결정적 순간에 '집중하는 방법'을 익히는 차원에서 이 연습 방법은 확실히 효과가 있을 것이다.

또 한 가지.

연습 그린에서 컵에 넣고 못 넣고에 일희일비하는 것은 의미가 없지만 골프는 어디까지나 멘털 스포츠다. 그러므로 연습 그린에서는 마지막에 확실하게 컵에 넣을 수 있는 거리(50cm~1m)에서 연속으로 성공한 후에 티잉 그라운드로 향하는 것을 추천한다.

컵에 볼이 빨려 들어갈 때의 그 기분 좋은 소리가 '좋았어, 오늘은 잘될 거야!'라는 자신감을 키워줄 것이다. 퍼팅에서 가장 필요한 것은 사실 이런 자신감이다.

라운드 중 '스윙 체크'에 주의하라

머리가 좋은 골퍼 라운드 중 스윙의 주의 사항은 두 가지로 제한한다

머리가 나쁜 골퍼 체크 포인트가 너무 많아서 스윙이 엉망진창이 된다

자, 당신은 지금 스타트 홀의 티잉 그라운드 옆에 서서, 드라이버를 휘두르며 워밍업을 하고 있다.

이때 무슨 생각을 할까?

'긴장을 풀어야지.' '헤드업만은 절대 하지 않을 테다.' '너무 서두르면 안 돼.'

범하기 쉬운 실수를 떠올리면서 '이번만큼은……' 하고 분발의 각오를 다지는 사람이 많을 것이다. 또는 레슨을 받고 있는 경우 코치가 지적해준 내용, 예컨대 '테이크백 할 때 오른쪽에 확실하게 체중이 가도록'이라든지 '톱에서 왼쪽 손목을 손등 쪽으로 꺾지 않도록' 등의

기술적인 조언을 다시 한번 되새겨볼 것이다.

물론 이것은 매우 중요하다. 머리가 좋은 골퍼는 자신의 스윙에 대해 항상 과제를 품고 라운드한다. 운동이든 공부든 목적 없이 전진할 수 없는 것은 매사 마찬가지다. 생각 없이 라운드만 하는 골퍼는 전혀 실력이 향상되지 않는다.

다만 골프 스윙의 경우 '이래야 한다'는 주의 사항이 너무 많으면 정작 본 경기에서 스윙이 망가질 위험이 있다는 것이다.

골프 스윙을 극단적으로 말하자면 '클럽을 들어 올렸다가 내리는 세로의 움직임에 신체의 회전이라는 가로의 동작이 더해진 것'이다. 시간으로 보면 고작 1초 혹은 2초 정도에 끝나는 '순간의 예술'이기도 하다.

그런데 이 1~2초 사이에 끝나는 동작에 대해 우리는 얼마나 많은 조언을 들었던가.

동서고금의 유명 프로 골퍼와 티칭 프로가 우리에게 가르쳐준, 고마우면서도 유익한 조언이 헤아릴 수 없이 많다.

그립을 잡는 법에서 스탠스 너비, 상체를 앞으로 숙이는 각도, 볼의 위치, 중심을 어디에 두느냐 등 셋업만 해도 수천여 가지. 그리고 시작부터 톱까지가 수천 개, 가장 중요한 클럽을 내리는 순간이 수천 개, 클럽을 내리면서 임팩트까지가 수천 개, 임팩트부터 피니시까지가 수천 개……. 이들 '스윙 비법'을 빠짐없이 책으로 만들면 백과사전급의 엄청나게 두꺼운 책이 완성될 것이다.

물론 이 모든 것을 마스터해야만 바른 스윙을 할 수 있는 것은 아니다. 아마 애버리지 골퍼(핸디캡이 18~22 전후의 평균적 실력의 골퍼)라면 셋업까지 두세 가지, 스윙에서 두세 가지의 결점을 교정하면 어느 정도 수준의 스윙이 가능하다. 평상시 이 주의 사항 다섯 가지를 의식하며 연습하면 서서히 올바른 스윙을 자신의 것으로 만들어갈 수 있고, 이것이 바로 골프의 올바른 연습법이라 할 수 있다.

다만 이는 어디까지나 연습에서 가능한 일이고, 실제 라운드에서 연습할 때처럼 다섯 가지 주의 사항을 모두 지키려고 하면 잘 풀리지 않는다.

실전 라운드에서 실행할 수 있는 주의 사항은 셋업까지 2개, 스윙에서 1개 정도일 것이다. 셋업은 스윙을 시작하기 전의 정지 상태이므로 그립의 위치, 스탠스 너비, 상체를 숙인 경사, 체중 이동까지 4개 정도는 주의 사항을 의식할 수 있지만, 그것도 실제는 2개 정도로 좁히는 것이 바람직하다. 이들 주의 사항은 뇌가 신체 각 부위에 지령을 내려서 실행할 것이지만, 지령이 3~4개나 되면 뇌에서 몸으로 가는 지시 체계가 혼란을 일으켜 오히려 스윙이 무너지기 쉽다.

실제 스윙에 들어갔을 때 의식할 수 있는 포인트는 아무리 요령이 좋은 사람이라도 2개까지가 한계이다. 예를 들어 평소 '시작할 때 헤드를 20cm 정도 똑바로 끌어당긴다', '오른쪽 무릎은 움직이지 않는다', '톱까지 어깨와 팔의 삼각형을 유지한다', '왼쪽 옆구리에 공간이 생기지 않게 한다', '톱에서 손목을 꺾지 않는다'까지 다섯 가지 사항

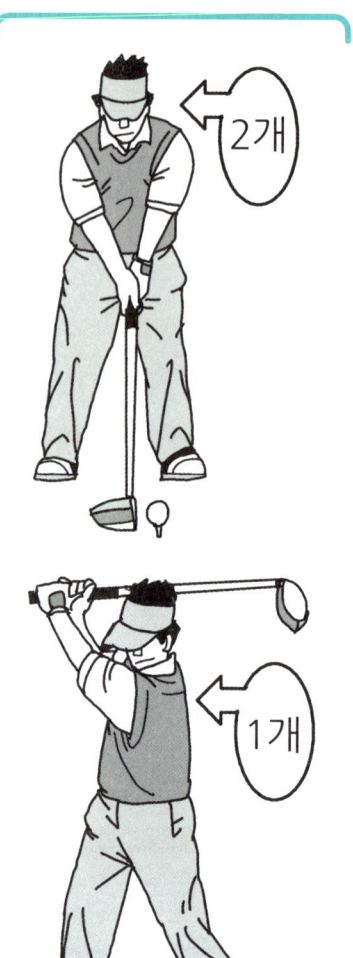

이것저것 신경 쓰다 보면 머리와 몸이 따로 움직인다. 주의 사항은 1~2개로 좁힌다.

을 의식하면서 연습했다면, 실제 라운드에서는 이 중 네 가지를 깨끗이 잊고 제일 중요한 한 가지에만(요령이 좋은 사람이라면 두 가지까지) 집중하도록 한다.

우리 인간은 고작 1~2초 만에 끝나는 동작에 3개 이상의 주의 사항을 실행하기는 힘들다.

'스타트 홀 티 샷'의 명암

머리가 좋은 골퍼 거리는 욕심내지 않고 페어웨이 안착을 최우선으로 한다
머리가 나쁜 골퍼 갑자기 모든 힘을 짜내 풀 스윙, 볼이 크게 휜다

프로 골퍼도 스타트 홀의 티 샷에는 긴장한다. 좀 전에 아무리 좋은 볼을 쳤어도 이는 어디까지나 연습장에서의 이야기다.

실제 코스는 벙커와 OB 등 각종 해저드(장해)가 있을 뿐 아니라 풍경도 연습장과 전혀 다르다. 게다가 당일의 첫 샷이 아닌가. 볼이 제대로 맞을지 불안한 것은 당연하다.

아마추어도 불안감이 프로 못지않다. 예를 들어 친목을 겸한 대회라 티잉 그라운드 부근에 많은 지인이 서 있는 상황이라면 압박감도 크다.

이런 특수한 상황에서 회심의 샷을 기대한다면 그것이 오히려 비

정상이다. 실제 프로도 스타트 홀에서는 무엇보다 페어웨이 안착에 더 중점을 둔다. 힐 쪽으로 맞든, 뜬 볼이 나든, 적당한 거리가 나고 볼이 헤저드에 가지 않으면 괜찮다고 생각하는 것이다.

한편 아마추어 골퍼 가운데 스타트 홀에서 있는 힘껏 풀 스윙을 해서 크게 볼이 휘는 경우가 적지 않다. 이런 실패는 대략 다음의 두 가지 원인으로 볼 수 있다.

① 몸이 충분히 회전하지 않아 생기는 큰 슬라이스.
② 몸의 회전이 멈춘 채로 세게 치기만 해서 생기는 큰 훅.

①은 헤드 스피드가 보통 정도의 애버리지 골퍼, ②는 헤드 스피드가 빠른 장타자에게 흔히 발생한다. 두 경우 모두 실수의 근본적인 원인은 몸이 충분히 회전하지 않아 유발된 '팔로 치는 스윙'이다.

스트레칭을 아무리 열심히 하고, 연습장에서 볼을 2바구니 이상 쳐도 단숨에 실전에 적합한 몸이 되지 않는다. 그러므로 프로 골퍼는 시작하고 3홀 정도까지 크게 무리하지 않는다. 여기에서 큰 실패를 하면 오히려 정신적으로 무너지다가 결국 당일 라운드가 망가지기 때문이다. 처음 3홀은 파 정도만 하면 충분하다(애버리지 골퍼의 경우 보기 정도면 괜찮다)고 생각하고, 서두르지 않는 골프, 조용한 골프를 위해 노력한다.

스타트 홀에서는 무엇보다 팔로 치거나 과도한 풀 스윙이 되지 않도록 하고, 페어웨이에 안착하는 것을 최우선으로 한다.

조금 더 구체적인 조언을 하자면 ①의 평범한 헤드 스피드로 슬라이스가 나기 쉬운 타입은 티를 조금 높게 하면 볼이 잘 맞아서 휘는 정도가 줄어든다. 또 슬라이스를 예상하고 조금 왼쪽을 노리는 것도 좋다.

반대로 장타를 치는 스타일이면서 약간의 실수로 크게 훅이 나는 경향이 있다면 티를 낮추거나, 볼이 휘어도 OB까지 가지 않을 스푼(3번 우드)을 사용하는 방법도 있다.

또 한 가지 TV 골프 레슨 프로그램에서 이시와타 도시히코 프로가 소개한 조언도 유용하다.

스타트 홀에서는 체온이 아직 오르지 않았고 긴장하기 쉬우므로 안정된 스윙이 어렵다. 이럴 때는 스윙 전에 2~3회 제자리에서 점프를 한다. 이 동작을 통해 중심이 내려가고 하반신이 안정된다. 더불어 상반신에 과도하게 들어간 힘을 빼는 효과도 있다.

실행해보니 확실히 효과가 있었다. 라운드 후반 몸이 피곤할 때도 점프를 시도해볼 만하다.

'처음 3홀'은 오감과 뇌를 열어라

머리가 좋은 골퍼 바람, 러프 상태, 그린의 단단함 등 정보 수집에 힘쓴다
머리가 나쁜 골퍼 눈앞의 샷, 눈앞의 스코어에만 집착한다

첫 홀을 무난히 마치고 싶은 것은 프로나 아마추어나 마찬가지다. 다만 '조용한 골프'를 표방하면서도 머리가 좋은 골퍼는 오감과 뇌를 풀가동한다. 코스의 다양한 정보를 수집하기 위함이다.

골프는 코스에 따라 그린의 단단함과 러프의 길이, 벙커 모래의 밀도, 바람의 무게 등이 모두 다르다. 따라서 최대한 빨리 코스의 특징을 파악하는 것이 중요하다. 처음 3홀에서 코스의 특징을 캐치하면 남은 15홀을 어떻게 공략할지 전략을 짜기가 매우 용이하다.

그렇다면 머리가 좋은 골퍼는 구체적으로 어떤 정보를 어떻게 수집할까?

우선 바람을 확인한다. 많은 골퍼가 샷 직전에 잔디를 뜯어 날리거나, 나무와 잎사귀가 흔들리는 것을 보고 바람의 방향과 세기를 판단한다. 물론 잘못된 방법은 아니지만 그보다는 시작하기 전에 코스 전체의 풍향을 읽기를 권한다. 겨울이라면 북풍, 여름이라면 남풍이 많이 부는데, 이런 거대한 풍향은 각 홀에서 바람을 계산할 때 기초가 된다(물론 홀에 따라 그곳만 바람이 반대로 부는 경우도 많으나 이것에 대해서는 후에 다시 언급한다).

또 코스 전체의 풍향을 코스 공략에 살리기 위해서는 당연히 각 홀의 방위, 레이아웃을 알아야 한다. 코스 전체 그림이 있으면 활용하고, 없을 때는 그린의 방위를 캐디에게 묻도록 하자.

바다 인근 코스라면 습기가 많은 '무거운 바람'이 불기도 하고, 산악 코스에서는 계곡 등 입지와 지형에 따라 특수한 바람이 부는 경우도 적지 않다. 이것도 캐디에게 물어봐서 가능한 한 빨리 파악해둔다.

다음으로 주시할 것은 러프의 길이와 밀도이다. 스타트 홀의 티 샷이 러프에 간 경우, 러프의 길이와 밀도를 세심히 봐둔다. 볼이 빠질 정도로 헤비한 러프라면 다음 홀부터는 드라이버를 스푼으로 바꾸어서라도 페어웨이 안착을 우선시하는 것이 좋을 수 있다. 반면 짧게 깎여 있다면 다음 홀부터는 '러프에 살짝 들어가도 괜찮겠어'라고 마음 편히 샷을 할 수 있을 것이다.

세 번째는 그린의 단단함. 두 번째 샷이 그린에 올랐다면 그린의 볼 마크를 고치면서 볼이 그린에 착지한 후 얼마나 굴러갔는지를 체크한다. 많이 구르지 않았거나, 예상한 것보다 백스핀이 걸렸다면 그린이 부드럽다는 증거이다. 높은 볼이었는데 꽤 많이 굴러갔다면 단단한 그린일 것이다.

그리고 벙커에 들어갔다면 모래의 양과 질, 모래의 밀도 등을 발바닥으로 확인한 후 머리에 입력해둔다. 그린의 단단함과 벙커 모래의 상태는 동반 경기자의 샷을 보고도 참고할 수 있다.

이렇게 처음 3홀은 너무 많이 치지 않도록 신중하게 플레이하는 동시에 코스의 각종 정보를 수집하는 중요한 시간이다. 아무 생각 없이 플레이하거나 오로지 당장의 스코어에만 집착하는 골퍼는 코스 매니지먼트를 할 수 없다.

마지막으로 또 하나, 처음 3홀에서 확인해야 할 중요한 것이 '당일 나의 컨디션'이다. 컨디션이 좋지 않더라도 포기하지 말고 인내하는 골프를 견지한다. 컨디션이 좋다면 너무 들뜨지 않도록 자중하면서 공격적인 골프에 힘쓴다. 이같이 '심리 컨디션'을 조절하는 것도 처음 3홀에서 해야 할 중요한 일이다.

'스타트 홀 그린' 공략법

머리가 좋은 골퍼 스타트 홀은 '2퍼트면 된다'는 가벼운 마음으로 임한다
머리가 나쁜 골퍼 어려운 라인에서도 과감하게 컵을 노린다

스타트 홀(파4)의 제2타가 보기 좋게 그린에 올라갔다고 하자. 단, 볼이 컵을 지나가 내리막 5m의 퍼팅이 남아 있다.

과연 이럴 때 당신은 어떤 퍼팅을 할 것인가.

(좀처럼 드문?) 버디 찬스니 과감하게 컵을 노린다? 아니면 쇼트만은 하지 않겠다(내리막 라인만은 벗어나겠다)고 마음을 다지며 2퍼트 파를 한다?

이 질문은 사실 파 온을 한 경우에만 해당되는 것이 아니다. 보기 온의 경우에도 답은 마찬가지이다. 이렇게 말하면 '그렇다면 여기서는 파를 해야 하니까 과감하게 컵을 노려야죠!' 하고 답하는 사람도

있을 것이다. 하지만 정답은 '파 온을 하든 보기 온을 하든 2퍼트면 OK'라는 것이다.

어째서일까? 이유는 스타트 홀에서는 절대 3퍼트 이상 해서는 안 되기 때문이다. 스타트 홀의 3퍼트는 다른 홀의 3퍼트와 비교하기 힘들 정도로 대미지가 크다.

만약 3퍼트 보기를 했다고 치자. 동반자 중에 미스 샷을 반복하면서 어떻게든 4온을 했지만 오르막 퍼팅이 한 번에 들어가 보기가 되는 사람도 있을 것이다. 같은 보기지만 어느 쪽이 대미지가 큰지는 너무나 명확하다. 설상가상 이것이 스타트 홀이라면 3퍼트를 한 플레이어는 다음 홀 퍼팅 때 불안감이 엄습한다. 부드럽게 스트로크가 되지 않거나 라인을 제대로 읽지 못하는 등 이후 재차 3퍼트를 반복하기 쉽다. 다시 말해 스타트 홀의 3퍼트는 당일 퍼팅을 모두 엉망으로 만들어버릴 수 있다.

무엇보다 첫 홀의 첫 퍼팅이 내리막이라는 어려운 라인이 된 시점이라면 당신은 '운이 없었다'고 포기해야 한다. 연습 그린과 실제 그린의 속도가 다른 코스가 대단히 많다. 아무리 연습 그린에서 볼을 굴렸어도 첫 홀 그린이 어느 정도 속도인지 쳐보지 않는 한 알 수 없다. 이런 상태에서 갑자기 내리막 라인의 컵을 노리는 것은 너무 무모한 일이다.

어쨌든 첫 홀의 퍼팅은 너무 짧게 치거나 크게 오버하지 않도록 거리감을 정확하게 맞추는 데 집중한다. 그리고 무난하게 2퍼트로 홀

아웃 한다면 충분하다고 여유를 갖는다. 욕심껏 컵을 노리는 경우는 오르막 쇼트 퍼트 정도임을 기억해두자.

그렇다면 2퍼트로 족하다고 생각한 퍼팅이 우연히 한 번에 들어가 '굿모닝 버디!'가 되었다면 어떨까? 사실 이런 경우는 함정이 있기 마련이다. 대부분의 아마추어 골퍼는 첫 홀에서 버디를 예상하지 못하기 때문이다.

골프는 예상 밖의 일이 벌어지면 리듬이 꼬이기 쉽다. 특히 첫 3홀은 가능한 한 무난하고 얌전하게 플레이하면서 점차 엔진의 회전수를 높이는 것이 이상적이다. 실제로 베스트 스코어가 나온 라운드를 살펴보면 처음 3홀을 무난히 완수하고 차차 더 가속이 붙는 경우가 많다.

하지만 컵에 들어가버렸다면 어쩔 수 없는 일(?)이다. 절대 들뜨지 말고, 그렇다고 불안할 것도 없이 '운이 좋았어!' 정도로 가볍게 넘긴 후 빨리 다음 홀의 티 샷으로 전환한다. 언제까지고 '첫 홀 버디의 환희'에 빠져 있으면 오히려 실수를 하게 된다.

• 아하, 이렇게 공략하면 되겠어 •

코스 매니지먼트
큰 실수를 미연에 방지하는 비법

'코스 매니지먼트'의 절대 원칙

머리가 좋은 골퍼 자신의 '정확한 거리'와 '구질'을 파악하고 있다
머리가 나쁜 골퍼 런까지 포함한 거리로 조금 길게 잡는다

애버리지 골퍼에겐 '휘지 않고 멀리 나가는 볼'을 치는 것이 꿈의 세계이자 최종 목표일 것이다. 실제로 50%의 확률로 '휘지 않고 멀리 나가는 볼'을 칠 수 있다면 이것만으로도 싱글, 아니 프로가 될 수 있을지 모른다(거꾸로 말하자면 50%의 확률로 '휘지 않고 멀리 나가는 볼'을 치는 것이 그만큼 어렵다는 얘기가 된다).

다만 골프는 '휘지 않고 멀리 나가는 볼'을 치는 것만으로는 좋은 스코어를 낼 수 없는 게임이다.

왜냐하면 '휘지 않고 멀리 나가는 볼'이라도 에이밍이 잘못되거나, 클럽 선택을 잘못하면 파를 할 수 없기 때문이다. 코스를 어떻게 공략

할 것인가(혹은 막을 것인가) 하는 작전, 즉 코스 매니지먼트를 제대로 하지 않으면 좋은 스코어를 낼 수 없는 것이 바로 골프이다.

반대로 '휘고, 멀리 가지 않는 볼'밖에 치지 못하는 골퍼라도 코스 매니지먼트가 확실하면 '휘지 않고 멀리 나가는 볼'을 치지만 코스 매니지먼트를 잘 못하는 골퍼보다 훨씬 좋은 스코어를 낼 수 있다. 이것이야말로 골프의 진정한 묘미이자, 머리 좋은 골퍼의 실력이 유감없이 드러나는 절묘한 기회이다.

그렇다면 코스 매니지먼트를 할 때 가장 중요한 포인트는 무엇일까. 그것은 자신의 거리와 구질을 정확히 파악하는 것이다.

골프는 '멀리 보내는 게임'이 아니라, '원하는 곳으로 볼을 보내는 게임'이다. 티 샷이라면 '벙커 앞의 페어웨이 오른쪽', 핀을 노리는 샷이라면 '핀 앞쪽'과 같이 모든 샷에는 에이밍하는 장소가 있다. 그곳에 볼을 보내기 위해서는 자신의 거리와 구질을 정확하게 파악하고 있어야 한다.

당연한 거 아니야? 나의 거리와 구질은 내가 제일 잘 알지, 하는 말이 들려오는 듯한데, 사실 많은 티칭 프로들의 말에 따르면 애버리지 골퍼 대부분이 구질은 차치하고 '자신의 정확한 거리'조차 모른다고 한다.

'자신의 정확한 거리'란 캐리, 즉 낙하지점까지의 거리를 말한다. 하지만 애버리지 골퍼들은 볼이 떨어져서 굴러간 거리, 즉 런까지 포함한 거리를 '자신의 거리'로 착각하는 경우가 많다.

런까지 포함한 거리를 '자신의 거리'로 오해한다면 그 자체만으로도 코스 매니지먼트가 성립되지 않는다. 런은 코스의 상태에 따라 크게 좌우되기 때문이다. 브리티시 오픈이 개최되는 코스처럼 바람이 세고 페어웨이가 단단한 곳은 드라이버로 친 볼이 100야드 이상 굴러가지만, 땅이 무르거나 비가 온 지 얼마 되지 않아 페어웨이가 부드러운 곳에서는 거의 런이 나지 않는다. 그린도 마찬가지다. 부드러운 그린에서는 볼에 스핀이 먹어서 금방 멈추지만, 단단한 그린이라면 상당히 높은 볼이 아니고는 모두 그린 오버가 되기 십상이다.

또한 구질이 페이드[4]라면 런이 많지 않을 것이고, 드로[5]라면 런이 많이 나온다. 그러므로 구질이 드로인 골퍼가 런까지 포함한 거리를 '자신의 거리'로 믿어버리면 구질이 페이드인 사람 이상으로 자신의 거리를 많이 잡는 것이다.

어느 쪽이든 코스 매니지먼트는 캐리를 기본으로 계획해야 한다. 이 기본 역량을 확실하게 파악한다면 처음 가는 코스에서도 용이하게 코스 매니지먼트를 할 수 있다.

하지만 런까지 포함한 거리로 계산한다면 드라이버로 넘길 수 있다고 생각한 벙커에 들어가거나, 핀 바로 아래를 노린 샷이 크게 오버할 수 있다.

---

[4] 페이드: 서서히 오른쪽으로 휘는 볼. 비거리, 런이 그다지 나지 않는다.
[5] 드로: 서서히 왼쪽으로 휘는 볼. 비거리와 런이 잘 나오는 편이다.

실제로 애버리지 골퍼의 대부분은 파3에서 쇼트를 한다(오버하는 경우는 토핑이 나든가, 센바람이 부는 정도일 것이다). 이것은 잘못 맞은 탓도 있겠지만, 본래 자신의 거리를 런까지 포함해서 과대평가하기 때문이다. 그 배경에는 '아이언도 멀리 보내고 싶다', '저 사람이 7번 아이언을 잡는데, 내가 6번을 잡으면 창피하지' 하는 의미 없는 허세도 있을 것이다.

또한 이런 부류의 머리 나쁜 골퍼 중에는 열에 하나 있을까 말까 한 '최고의 샷'을 '나의 진정한 거리'로 굳게 믿고 있는 사람도 있다. '자신의 진정한 거리'는 어디까지나 평균치가 아니면 데이터로 사용할 수 없음은 두말할 나위 없다.

물론 '도 아니면 모'의 정신으로 드라이버를 있는 힘껏 휘두르면 +20야드, 아드레날린이 분출하면 아이언을 잡아도 +10야드가 되는 경우도 있지만, 프로나 상급자는 처음부터 이런 계산을 머릿속에서 하고 있다. 즉 기본이 되는 것은 어디까지나 '평균적인 캐리'이다.

'티 샷'은 어디를 노려야 하나

머리가 좋은 골퍼 그린부터 역산해 공략 루트를 노린다
머리가 나쁜 골퍼 항상 페어웨이의 '한가운데'를 노린다

    코스 매니지먼트의 노하우에는 '파4의 티 샷과 파5의 제2타는 핀을 노리기 쉬운 곳을 향해 볼을 친다'라는 내용이 있다.

    예를 들어 핀이 그린의 왼쪽이라면 페어웨이의 가운데보다는 오른쪽에서 공략하는 편이 예상보다 거리가 나지 않은 경우에도 다음 샷을 노리기 쉽다.

    상급자의 경우 시종 핀을 노리는 것이 아니라 그린 전후좌우를 4분할해 어디로 볼을 보내야 퍼팅이 쉬울지를 생각한다. 그리고 그 장소에 볼을 보내기 위해서는 어디를 노리는 것이 가장 효율적인지 고려해 티 샷의 방향을 정한다.

핀의 위치와는 별도로 그린 주변의 벙커와 들어가서는 안 되는 러프, OB 존 혹은 페어웨이의 언듈레이션 등 조건에 따라 '그린을 노리기 쉬운 장소'가 있다. '베스트 포지션'이라 할 수 있을 것이다.

홈 코스라면 멤버 모두 베스트 포지션이 어딘지 숙지하고 있다. 경우에 따라서는 '이 홀은 왼쪽 벙커에 들어갈 위험이 있는 페어웨이보다 오른쪽 세미러프가 파 온 하기 쉽다'는 식으로 구체적인 방법을 인지하고 있을 것이다.

그러나 처음 가는 코스라면 어림없는 일이다. 이런 경우에는 캐디에게 물어볼 수밖에 없는데, 만약 셀프 라운드라면 어떻게 하는 것이 좋을까?

셀프 라운드의 경우, 코스의 레이아웃 도면(대부분 카트에 상비되어 있거나, 골프장 홈페이지에 게재되어 있다. 혹은 구글 맵을 이용하는 방법도 있음)을 보고 그린부터 역산해 공략 루트를 짠다.

골프라는 게임은 '뒤를 돌아볼 일'이 거의 없다. 골퍼의 대부분은 앞만 보고 있다. 몸이 앞쪽으로만 향해 있는 것이다.

이렇게 앞만 보는 것은 시야가 좁아진다는 의미이다.

골프는 결국 홀 컵을 '핀 포인트'로 노리는 경기이긴 하지만, 핀만 보고 있으면 훨씬 더 쉬운 길이 있었다는 진실을 놓치기 쉽다.

여러 번 볼을 쳐서 겨우 그린에 올렸을 때 문득 뒤를 돌아보면 '왜 저런 곳을 노렸을까', '좀 더 오른쪽의 넓은 곳을 이용해야 했군' 하는 사실을 뒤늦게 깨닫는 경우가 많다. 이는 과거 플레이한 경험이 있는 코스도 마찬가지다. 그린에서 티잉 그라운드를 뒤돌아보면 예상 밖의 공략 루트가 쉽게 보이기도 한다.

머리가 나쁜 골퍼는 앞만 보지만, 좋은 골퍼는 가끔씩 뒤를 돌아본다.

페어웨이든 그린이든 상관없다. 가끔 뒤를 돌아보면 시야(공략 방법 등)가 편협했다는 것을 깨닫는 등 새로운 사실을 발견하기도 한다.

싱글도 모르는 '거리와 방향성'의 진리

머리가 좋은 골퍼 롱 게임은 방향성을, 쇼트 게임은 거리를 중시한다

머리가 나쁜 골퍼 롱 게임은 거리를, 쇼트 게임은 방향성을 중시한다

드라이버와 페어웨이 우드 등 긴 클럽은 거리가 필요할 때 사용하는 클럽, 즉 롱 게임용 클럽이다. 한편 웨지나 쇼트 아이언은 거리를 버는 클럽이 아니다. 핀 근처, 가끔은 컵 인까지 노리는 클럽, 즉 쇼트 게임용 클럽이다.

이렇게 되면 롱 게임에서는 거리를, 쇼트 게임에서는 방향성을 중시하기 쉽지만, 결론부터 말하자면 이것은 골퍼가 빠지기 쉬운 상식의 함정이다. 실제로는 롱 게임에서는 방향성을, 쇼트 게임에서는 거리를 중시해야 한다.

롱 게임에서 비거리가 나는 편이 유리한 것은 분명하다. 그러나 아

무리 거리가 나와도 러프나 숲으로 들어가버리는 순간 파 온은 어려워진다. 아마추어라면 비거리가 20야드 짧아도 페어웨이에 볼이 있는 편이 파 온의 확률이 높을 것이다. 즉 '휠 가능성이 있는 250야드의 드라이버'보다, '휠 가능성이 적은 230야드의 드라이버 혹은 스푼'이 좋은 스코어를 낼 가능성이 높고, 이것이 '롱 게임은 방향성이 중요하다'고 말하는 이유이다.

여기까지는 동의할 골퍼가 많겠지만 '쇼트 게임은 거리가 중요하다'고 하면 이견을 주장하는 분이 많을 것이다.

거리가 짧은 클럽이다 보니 방향성이 중요하다는 주장이 언뜻 일리가 있는 듯하다. 하지만 현실을 상기하자. 대부분의 아마추어 골퍼가 핀 가까이에 붙이고 싶은 마음에 헤드업으로 인한 뒤땅을 치거나 팔로 휘둘러서 토핑을 내거나, 짧은 거리밖에 가지 않는 등의 미스를 범한다. 아무리 방향이 좋아도 거리가 짧거나 크게 오버하는 경우가 많다. 30~50야드 어프로치의 경우 섕크[6]를 예외로 하면, 볼이 전혀 생뚱맞은 방향으로 가버리는 일은 거의 없을 것이다. 과실은 대부분의 경우 너무 세거나 너무 약한 '거리 미스'이다.

이것은 퍼팅에서도 마찬가지이다. 라인을 너무 의식한 나머지 중요한 거리감을 파악하는 데 소홀해 매우 짧거나 크게 오버하는 실수가 반복된다. 쇼트 게임은 역시 방향보다 거리가 중요하다.

---

[6] 섕크: 클럽 헤드의 힐이나 샤프트의 접합 부분에 맞아버리는 미스 샷.

'파5'의 여유로운 공략법

머리가 좋은 골퍼 파5는 미스를 해도 되는 곳이니 편안하게 친다
머리가 나쁜 골퍼 파5는 거리를 많이 내야 한다는 생각에 힘이 들어가 역효과

프로 골퍼에게 파5는 버디를 노리는 홀이다. 요즘은 드라이버 거리가 300야드 정도 나오는 프로 골퍼들이 많기 때문에 500야드의 파5라면 제2타에서 아이언으로 그린을 노리는 경우가 많다. 그렇다면 당연히 버디를 의식하게 된다.

그렇다면 드라이버 샷이 230야드 정도인 아마추어는 어떨까? 대부분 이런 케이스가 많을 것이다.

드라이버가 아무리 잘 맞아도 이후 270야드가 남는다. 최대한 그린 가까이 볼을 보내겠다는 마음에 스푼을 세게 휘두르지만 역시 뒤땅을 쳐 50야드밖에 가지 않았다. 아직 220야드가 남았다. 좋아, 아직

파 온의 기회는 있어! 스푼으로 있는 힘껏 한층 욕심을 내지만 또 뒤 땅을 치고, 그 결과 그린에 오르기까지 다섯 번의 샷이 이어졌다. 그리고 이어지는 2퍼트. 결국 더블 보기로 마무리.

프로와 상급자에게는 간단한 파5를 애버리지 골퍼는 왜 실패하는 것일까? 그 이유를 한마디로 말하자면 '거리에 대한 과대한 기대' 때문이라 할 것이다. '500야드나 되니 거리를 내야 한다', '스푼을 잡았으니 거리를 내야 한다' 등 '거리를 내야 한다'는 집착이 실패를 자초하는 최대 원인이다.

머리가 좋은 골퍼는 반대로 이렇게 생각한다. '파5는 거리를 내지 않아도 되고, 미스를 해도 괜찮은 홀이다. 그러니 편하게 치자.'

어째서 거리를 내지 않아도 되는 것일까? 500야드를 세 번 만에 온 시키려면 1타당 170야드만 가면 된다. 즉 5번 아이언 정도를 세 번 휘두르면 그린에는 올라간다. 실제로는 5번 아이언을 3회 연속 나이스 샷 하는 것이 쉬운 일이 아니기 때문에 드라이버를 사용하는 사람이 많지만, 그래도 머리가 좋은 골퍼는 절대로 무리하지 않는다. 200야드만 가면 된다는 마음가짐으로 편안하게 스윙을 한다. 두 번째 샷은 아이언이든 페어웨이 우드든 150~200야드 앞까지 볼을 가져가고, 나머지를 웨지나 쇼트 아이언으로 그린에 올리면 된다고 여유롭게 생각하는 것이다.

설령 드라이버 샷에서 실수를 하거나, 볼이 러프나 숲속으로 들어갔다 해도 일단 페어웨이로 올리면 아직 충분히 파 온의 기회가 있는

비거리 욕심이야말로 실패의 원인. 힘을 주지 않고 치면 나이스 샷으로 이어진다.

것이 파5 홀이다. 이런 계산도 드라이버 샷에서 힘이 들어가지 않도록 도와준다. 결과적으로 연속 나이스 샷을 할 수 있고, 버디까지 생각해 볼 수 있다.

파5는 사실 애버리지 골퍼에게도 쉬운 홀이다. 단, 거리를 내야 한다고 중압감을 가지면 파5는 아무리 쳐도 끝나지 않는 '몬스터 홀'로 돌변한다. 파5에서 파를 계산할 수 있게 되었을 때 골프는 쉬워진다. 이를 위해서라도 좀 더 가벼운 마음으로 플레이한다. 파5를 공략하는 데 필요한 것은 오직 이것뿐이다.

'파3'에서
큰 실수를 범하지 않는 공략법

머리가 좋은 골퍼 '절대로 가서는 안 되는 곳'을 명확하게 판단한다
머리가 나쁜 골퍼 파3는 단판 승부! 버디를 노리다가 대실패

골퍼에게 생애 첫 버디는 압도적으로 파3 홀인 경우가 많다. 이유는 간단하다. 결과적으로 맞든 그렇지 않든 파3에서는 핀 바로 옆으로 가는 샷 하나로 간단하게 버디를 할 수 있기 때문이다. 파3라면 초보자라도(설령 요행일지라도!) 버디의 가능성이 크다.

초보자가 파와 버디를 해낼 정도니 애버리지 골퍼가 파3에서 파를 노리는 것이 당연할까? 그러나 실제 상황에서 파3도 파5와 마찬가지로 물에 빠지거나 벙커에서 여러 번 샷을 하면서 대실패로 이어지는 경우가 많다는 사실을 익히 알고 있을 것이다.

프로 골퍼에게는 파3가 '방어 홀'이라는 말이 있다. 2007년 일본에

서 개최된 모든 토너먼트의 각 선수별 스코어를 파3, 파4, 파5로 나누어 누계한 데이터가 있다(JGTO 조사).

이에 따르면 파3의 누계 스코어가 언더인 경우는 스콧 레이콕과 이승호 두 사람뿐이었다. 평균의 의미로 50위 가와하라 노조미 선수를 보면 누계 스코어가 34오버이다. 그의 경우 토털 54라운드였으니, 파3는 216홀. 그렇다면 일곱 번 중 한 번은 보기를 했다는 얘기가 된다(실제는 버디도 있을 테니 보기의 횟수가 더 많을 것이다).

참고로 파4의 누계가 언더인 경우는 브렌던 존스 단 한 명뿐이다. 하지만 파5는 톱인 다니구치 도루 96언더를 필두로 100명 이상이 언더를 기록했다.

파4의 어려움은 그렇다 치고 어째서 파3에서 언더를 기록한 프로가 2명밖에 없을까?

대부분 파3엔 '절대로 가서는 안 되는 곳'이 있고, 운 나쁘게(기량이 달려서?) 그곳에 볼이 간 경우 보기나 더블 보기를 각오해야 한다.

프로에게 파3의 보기 또는 더블 보기는 상당히 대미지가 크다. 아무리 어려운 파3라도 프로인 이상, 파가 당연하다고 생각하기 때문이다. 그러므로 그들은 당연히 핀과는 거리가 먼 벙커와 러프 등 '절대 가서는 안 되는 곳'만은 피하려고 한다. 그 결과 컵의 위치에 따라서는 '이상한 쪽 그린에 올리느니 두 번째 샷을 노리기 좋은 그린사이드 러프가 파를 하기 좋다'는 경우도 흔하다.

그리하여 안전한 장소에 볼을 보내, 원하는 바대로 파를 해내면 쾌

재를 부를 상황이다. 버디는 어쩌다 운이 좋은 상황에서나 노리는 골퍼가 많다(우승이나 예선 통과가 걸려 있어서 위험을 숙지하고도 핀을 노리는 경우도 물론 있지만). 그러므로 파3는 방어의 홀이다. 평균 스코어가 좋지 않은 것도 당연하다.

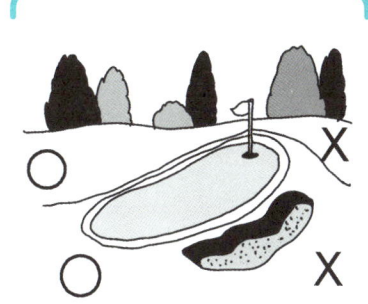

'절대로 가서는 안 되는 곳'은 프로든 아마추어든 마찬가지다. 아니, 아무리 프로라 해도 그곳에 볼이 가면 보기를 각오할 정도니, 아마추어는 더블 보기나 트리플 보기까지 염두에 두어야 한다.

한편 머리가 나쁜 골퍼는 '절대 가서는 안 되는 곳'을 파악하지 못한 채(덕분에 무서움을 모르고 핀 가까이에 볼을 올리는 경우도 있지만), 너무나 간단하게 '절대 가서는 안 되는

절대 가서는 안 되는 곳을 확실하게 파악하고, 그곳을 피하는 길을 선택하는 것이 '파3' 공략 요령. 무리는 금물.

곳'으로 볼을 보낸다. 그리고 그곳에서 어프로치 샷을 하는 단계가 되어서야 지금 자신이 얼마나 어려운 샷에 당면하게 되었는지 깨닫는 것이다.

그러나 아마추어도 중급 레벨 정도가 되면 '절대 가서는 안 되는 곳'을 읽을 수 있다. 그런데 이를 피하려고 지나치게 의식한 나머지 물 반대쪽에 있는 어려운 벙커에 빠뜨리거나, 핀에서 저 멀리 떨어진 3퍼트의 위험 지대에 볼을 올리기도 한다. 이렇게 되면 파는 점점 더 어려워지고……

너무 많이 생각하지 않는 게 좋을 때도 있다. 파3에서는 마음을 비우고 그린 한가운데를 노린다 — 정말 머리가 좋은 골퍼는 이런 생각을 할 것이다.

'파4'의 똑똑한 공략법

머리가 좋은 골퍼 공략하는 홀과 방어하는 홀을 구체적으로 파악한다
머리가 나쁜 골퍼 어려운 코스에서도 항상 파를 노리다가 자멸

　파4를 제패한 자가 골프를 제패한다. 2007년 JGTO(Japan Golf Tour Organization 일본 골프 투어 시합을 주최·주관하는 기구 – 옮긴이) 통계의 결론은 한마디로 이것이라 할 수 있다.

　2007년 개최한 모든 토너먼트 파4의 누계 스코어를 살펴보면 톱 5는 다음과 같다.

　　1위 브렌던 존스(-4)

　　2위 가타야마 신고(±0)

　　3위 오다 고메이(+2)

　　4위 후지타 히로유키(+5)

5위 다니구치 도루(+7)

한편 2007년 상금 랭킹 톱 10은 1위 다니구치 도루, 2위 가타야마 신고, 3위 브렌던 존스, 4위 다니하라 히데토, 5위 곤도 도모히로, 6위 이동환, 7위 미야모토 가쓰마사, 8위 후지타 히로유키, 9위 오다 고메이, 10위 쁘라얏 막생. 파4의 누계 스코어가 좋은 5위 모두가 상금 랭킹 톱 10에 들어 있다.

이러한 상관관계는 파3와 파5에서는 볼 수 없다. 파3와 파5는 선수에게 있어서 자신 있는/자신 없는 곳으로 크게 나뉘고, 이 2홀의 성적은 상금 랭킹이라는 종합적인 성적과는 관계가 없는 것이다(그런 의미에서 이 3부문 모두 톱 5에 들어 있는 유일한 선수 다니구치 도루가 상금왕이 된 것은 당연한 일인지 모르겠다).

또 파3, 파4, 파5의 누계 스코어에서 선수 간 격차가 가장 큰 것도 파4다. 1위 선수와 중간에 위치한 50위 전후의 선수를 비교하면 다음과 같다.

- 파3 …… 1위 스콧 레이콕 -4   50위 +34
- 파4 …… 1위 브렌던 존스 -4   51위 +75
- 파5 …… 1위 다니구치 도루 -96   51위 -41

파3에서는 톱 선수와 중간 선수의 차이가 38타, 파5에서는 55타지만, 파4의 경우 그 격차가 79타로 벌어진다.

그야말로 파4를 제패한 사람이 골프를 제패한다고 해도 크게 틀리지 않을 것이다.

이는 아마추어 골퍼도 마찬가지다. 싱글과 애버리지 골퍼의 차이가 가장 크게 드러나는 지점이 파4라 할 수 있다.

파4는 파5처럼 실수가 용납되는 곳이 아니고, 파3처럼 '어떻게든 되는' 곳도 아니기 때문이다. 즉 골퍼로서의 실력이 가장 극명하게 드러난다.

그런 홀이 18홀 중 10홀이나 되다 보니 실력 차가 벌어지는 것도 당연하다.

다만 파4가 모두 난관인가 하면 그렇지는 않다. 물론 최근엔 프로 시합의 경우 500야드 가까운 파4, 아마추어도 450야드가 넘는 파4가 늘고 있고, 거리가 짧아도 양옆이 OB라든지, 교묘하게 워터해저드가 끼어 있는 홀도 적지 않다.

그러나 한편으로 파4 중에는 거리가 짧고 워터해저드도 적어 "부디 파를 하세요" 하는 '서비스 홀'이 있는 것도 사실이다(단, 이런 홀이 의외로 그린이 어려운 경우가 많으니 방심은 금물).

요는 이런 홀에서 견실하게 파를 해내고(행운이 따르면 버디도!), 어려운 홀에서는 보기도 상관없다는 자세로 임한다 — 머리가 좋은 골퍼는 이 같은 강약을 확실하게 잡아낸다.

바꾸어 말하면 파4는 '공격 홀'과 '방어 홀'을 분명히 의식하면서 라운드하는 것이다. 위험한 홀에서는 티 샷에서 짧은 클럽을 잡고, 거리보다 페어웨이 안착에 중점을 둔다. 혹은 그린을 노리지 않고 처음부터 레이 업 해서 제3타에서 승부한다. 프로라면 이런 어려운 파4에

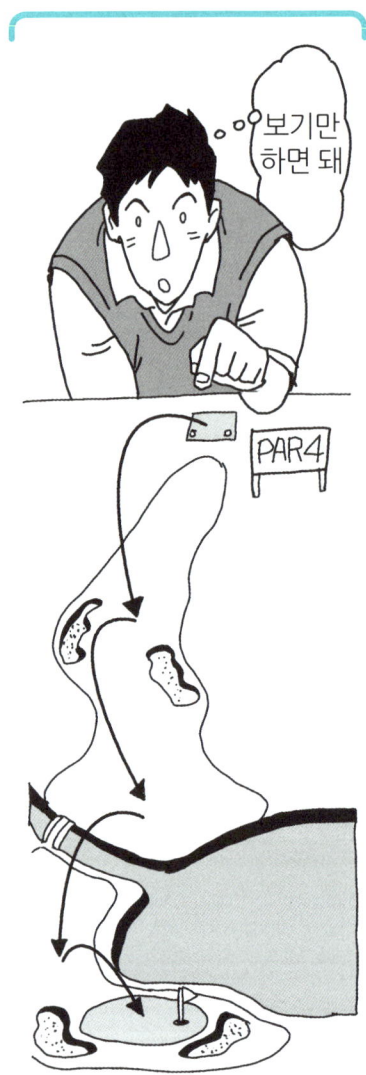

예를 들어 '핸디캡 1번' 홀이나, 본인이 자신 없는 홀에서는 보기만 하면 된다는 생각으로 임하는 것도 좋다.

서는 '버디를 하기보다 보기를 하지 않는 것'에 중점을 두지만 아마추어라면 처음부터 보기면 된다는 자세로 여유를 갖는다. 이렇게 마음먹으면 어려운 홀을 앞에 두고도 마음이 편해진다. 힘을 빼고 도전했더니 제3타가 핀 바로 옆에 붙어서 파에 성공하는 것이 골프의 묘미다.

그런 점에서 머리가 나쁜 골퍼는 어떤 홀이든 1야드라도 더 치겠다고 드라이버를 휘두르고, 어떤 라이든 혹은 핀이 어디에 있든 무조건 그린을 노리다가 마침내 자멸하고 만다.

'홀마다 정하는 목표 스코어'와 올바른 계획

머리가 좋은 골퍼 처음부터 '보기만 하면 OK인 홀'을 염두에 둔다
머리가 나쁜 골퍼 항상 파와 베스트 스코어를 노린다

앞에서 파3, 파5, 파4의 특징과 일반적인 공략법에 대해서 설명했다. 지금까지의 내용은 자신만의 스코어 메이크를 계획할 때 힌트가 될 것이다.

예를 들어 핸디 8의 골퍼가 홈 코스를 파플레이인 80으로 라운드 하려는 경우, 그가 머리가 좋은 골퍼라면 '토털 8오버까지는 OK'라는 식으로 두루뭉술하게 계획하지 않을 것이다. 홀마다 대략 이런 목표 스코어를 설정하는 것이 정석이다.

- 파3(4홀) …… +2
- 파5(4홀) …… +1

• 파4(10홀) …… +5

'파5와 파3는 모두 파를 하고 싶지만 모든 미스를 커버할 수 없으니 파3에서 2개, 파5에서 1개 정도 보기를 허용한다.' '파4는 개인적으로 어려운 홀이 5개 있으니 그곳은 보기로 한다'는 식이다. 그러고는 실전에선 더블 보기를 범하지 않도록 신중하게 플레이하면서 최대한 파를 늘려간다. 그리고 계획보다 1타라도 나은 스코어가 나오면 70대로 라운드를 마칠 수 있다.

덧붙여서 '계획(파플레이)보다 1타라도 좋은 스코어'가 한동안 계속되면 드디어 핸디가 하나 줄어든다. 이를 달리 말하면 '보기를 해도 돼'라고 생각하던 홀에서 기량이 좋아져서 '파를 할 수 있게' 되었다는 의미이고, 싱글 플레이어라면 이렇게 핸디를 하나 줄이는 것이 얼마나 힘든지 잘 알 것이다.

반면 머리가 나쁜 핸디 18의 골퍼는 애당초 이런 계획이 없다. '핸디 18이라면 모든 홀에서 보기를 해도 된다'는 말을 자주 듣게 되는데, 이는 단순히 마음을 안정시키기 위한 주문일 뿐이다. 계획이 막연하고 구체성이 없다.

따라서 결국 모든 홀에서 파를 노려서 18타나 있던 저금이 슬금슬금 줄어든다. 그리고 3~4홀을 남기고 급기야 저금의 잔액이 제로가 된다. 이제 그는 화를 내거나, 오늘도 실패했다면서 어깨를 떨구고 낙심하는 식이다.

머리가 좋은 핸디 18의 골퍼라면 다음과 같은 계획을 세운다.

- 파3(4홀) …… +3
- 파5(4홀) …… +3
- 파4(10홀) …… +9

다시 말해 파3, 파4, 파5 중 어디 하나라도 좋으니 파를 하는 것을 목표로, 핸디보다 3스트로크 적은 87로 도는 것을 목표로 삼는다(실제로는 더블 보기도 있을 테니, 보험을 들어둔다는 의미로 각각 2홀은 파를 해두는 편이 이상적이지만).

거꾸로 말하면, 처음부터 보기를 상정한 홀이 15개. 이것만으로도 심적으로 편안해질 것이다. 실제로 애버리지 골퍼를 졸업한 머리가 좋은 골퍼 중에는 이런 발상의 전환만으로 쉽게 90을 깨는 사람들이 많다.

처음 가는 코스라도 스코어카드에 적힌 각 홀의 핸디캡을 보면 계획을 쉽게 세울 수 있다(핸디 15인 사람이라면 핸디 1~15까지의 홀이 핸디 홀이 되므로 그곳은 보기만 하면 된다. 핸디 20인 사람은 핸디 1과 핸디 2의 홀은 더블 보기를 해도 된다).

자신의 핸디를 정확하게 이해하고 이를 코스 공략에 살리는 것. 즉 '파'가 아니라 '핸디'와 싸우는 것. 이것이야말로 핸디를 줄이는, 즉 골프의 스코어를 줄이는 의외의 지름길이라 할 수 있다.

'도박'을 할 것인가, '안전'하게 갈 것인가

`머리가 좋은 골퍼` 한순간이라도 '무리일까?' 하는 생각이 들면 모험하지 않는다
`머리가 나쁜 골퍼` 상당히 낮은 성공률에 도박을 한다

라운드할 때는 항상 리스크를 염두에 두고 샷을 해야 한다. 예를 들면 다음과 같은 상황이다.

① 티 샷이 숲으로 들어가버렸다. 그린을 노리려면 5m 앞에 있는 1m 간격의 나무 사이를 빠져나가야 한다. 조금이라도 코스가 잘못되면 나무에 맞아 볼이 어디로 날아갈지 알 수 없다. 넓은 공간인 옆으로 볼을 빼는 것이 좋을까.

② 볼이 그린 센터까지 220야드 남은 페어웨이에 있다. 스푼이 잘 맞으면 2온 할 가능성이 있지만, 공교롭게 그린 바로 앞에는 워터해저드가 있다. 물에 빠지는 리스크를 피해 짧은 클럽으로 워터해저드

앞까지만 노려야 할까.

③ 볼이 깊은 러프에 들어갔다. 억지로 그린을 노리면 거리가 짧아지면서 그린 앞의 어려운 벙커에 들어가거나, 페이스가 닫히면서 왼쪽 OB에 들어갈 가능성이 높다. 일단 짧은 클럽으로 페어웨이로 꺼내는 것이 좋을까.

이런 경우 안전한 방법은 레이 업이고, 이것이 전형적인 코스 매니지먼트라는 사실을 모두가 잘 알고 있을 것이다.

레이 업을 할지 말지는 자신의 기량(평균적인 비거리와 미스 샷 했을 때 휘는 정도)과 리스크(미스 샷을 할 확률과 그 경우 상정되는 스트로크의 손실)를 계산해 모험(도박)을 할지 안전한 방법을 따를지, 어느 쪽이 스트로크 손실이 적은지 계산해서 결정한다.

물론 프로의 경우 '우승을 위해 절대 버디가 필요하다'든지 아마추어라도 '이 홀에서 파를 잡으면 처음으로 80대가 된다'는 등 리스크를 감수하고 도박을 해야 하는 순간이 있다. 그러나 일반적인 라운드에서 1타라도 좋은 스코어를 내고 싶다면 냉정하게 계산할 수 있어야 한다.

자신의 기량과 리스크를 충분히 고려해서, 예를 들어 안니카 소렌스탐은 "열 번 중에 여섯 번 성공하는 샷이라면 도전한다"고 말한 적이 있다. 성공률이 그 이하라면 연습장 밖에서는 시도하지 않는다는 의미다.

프로 골퍼는 같은 리스크를 수차례 경험하고 연습량 또한 풍부하므로 자신의 성공률을 파악하고 있다. 그렇다면 프로만큼 경험과 연습량이 적은 일반 아마추어는 모험적인 샷 성공률을 어떻게 알 수 있을까?

결론부터 말하자면 우리는 정확한 성공률 같은 것은 평생 알 수 없다. 한 달에 한 번 정도 라운드를 나가는 애버리지 골퍼의 경우 한순간이라도 '무리가 아닐까' 하고 머리를 갸웃하게 되는 샷은 90% 실패로 끝난다(그러므로 그들은 실수한 후 '아아, 역시!'라며 탄식한다). 즉 모험적인 샷의 성공률은 대략 10%로, 웬만해서는 시도하지 않는 편이 현명하다.

이것이 라운드가 주 1회로 빈번해지고 핸디가 10 전후가 되면 '무리가 아닐까'가 아니라 직감으로 '성공할지도 몰라' 하고 생각되는 경우가 늘어난다. '무리가 아닐까' 하는 경우의 성공률은 20~30%지만, '성공할지도 몰라'라는 생각이 드는 경우라면 그만한 경험치가 쌓여 있다는 얘기이므로 대략 두 번에 한 번은 성공한다.

이런 경우 모험적인 샷의 성공률이 50%로, 소렌스탐의 레벨과 비슷해졌다고 하겠으나, 그녀라면 50%의 확률에 도박을 하지는 않는다(물론 그 샷이 모험적인지 아닌지는 골퍼의 기량에 따라 달라진다. 우리에게 큰 모험이 소렌스탐에게는 누워서 떡 먹기인 샷인 경우가 많으니……).

다만 도박을 할지 안전하게 가야 할지는 실제 경험해보지 않으면 알 수 없는 때가 많다. 아픈 경험을 많이 함으로써 사람은 비로소 리스크를 피하는 지혜도 갖게 될 것이고, 반대로 어떻게 하면 도박이 도박이 아니게 될지 생각하게 된다.

후자의 경우는 골프의 기량을 올리기 위한 노력으로 연결된다. 그러므로 '실패를 두려워하기만 하면 발전이 없다'는 흔한 교훈을 함께 덧붙여두기로 한다. 흔한 것은 그만큼 진리에 가깝다.

한 홀에서 도박을 걸어보는 것은 한 번까지만. 두 번은 자멸의 길임을 명심할 것.

'레이 업'에 숨어 있는 덫

머리가 좋은 골퍼 레이 업을 하기로 결심했다면 라이와 남은 거리를 중시한다

머리가 나쁜 골퍼 레이 업 하기로 결심했음에도 거리에 욕심을 낸다

앞 장(66페이지 참조)에서 언급한 ②의 경우를 다시 보자. 그린 센터에 있는 핀까지 220야드 남은 페어웨이. 스푼으로 샷이 성공할 확률이 낮으니, 워터해저드 앞에서 레이 업 하기로 결심했다.

처음 간 코스라 캐디에게 물어보니 "워터해저드 앞까지 150야드"라고 한다.

당신은 현재 9번 아이언 115야드, 8번 아이언 130야드, 7번 아이언 140야드(모두 캐리)라는 '정확한 거리' 수치를 잘 알고 있다. 바람은 불지 않는다.

자, 이제 어떤 클럽으로 레이 업 할 것인가? 워터해저드 앞까지 150

야드라면 '7번 아이언으로 140야드를 보내면 남은 거리가 짧아지겠지'라고 단순하게 접근한다면 하수이다. 이런 경우 7번 아이언은 최악의 선택이다. 그 이유는

- 레이 업 하기로 결심한 샷은 힘이 들어가지 않으므로 임팩트가 좋아지면서 예상 밖으로 비거리가 늘어날 수 있다.
- 돌풍이 불어와 비거리가 늘어날 수 있다.
- 딱 맞는 거리의 클럽이므로 조금이라도 토핑이 나면 바로 물에 빠진다.
- 계산대로 워터해저드 앞의 10야드 지점까지 캐리로 갔다고 해도, 물 쪽으로 경사가 있기 때문에 굴러 들어갈 수 있다.
- 볼을 물에 빠뜨린 플레이어들이 물 바로 앞에서 드롭 하기 때문에 디벗 자국이 많을 수 있고, 러프인 경우도 있다. 즉 라이가 나쁠 가능성이 있다.

그러므로 여기는 8번 아이언으로 공략하는 게 낫고, 조금 더 보험을 든다면 9번 아이언이 정답이 된다. 만약 7번 아이언으로 성공한다고 해도 남은 거리는 70야드 전후이다. 8번이나 9번이어도 남은 거리는 90~100야드 전후다. 당장 20~30야드 짧은 거리가 유리할지 모르지만, 7번 아이언을 사용하는 것의 리스크를 고려하면 이 공략법은 의미가 없다기보다 머리가 나쁘다고 할 수밖에 없다.

그리고 또 한 가지, 그린을 노려서 레이 업 할 때는 자신 있는 거리를 남기는 것이 올바른 이론이다.

9번 아이언이라면 5야드의 런을 계산해서 핀까지 100야드. 8번 아이언이라면 나머지는 85야드가 될 것이다.

100야드와 85야드. 둘 다 피칭이나 어프로치, 샌드로 갈 수 있는 거리인데, 이럴 때는 중간 거리의 클럽으로 거리를 컨트롤하기보다 자신 있는 클럽으로 풀 샷 하는 편이 거리나 방향성에서 안정적이다. 즉 레이 업 할 때는 어떤 클럽으로 풀 샷을 하는 것이 가장 자신 있는지 생각한 후, 그 클럽을 활용할 수 있는 거리를 남기는 것이 현명하다는 의미다.

어쨌든 레이 업이라는 선택을 한 이상, 다음 샷은 확실하게 그린에 올리는 것뿐 아니라 최대한 가까이에 붙이고

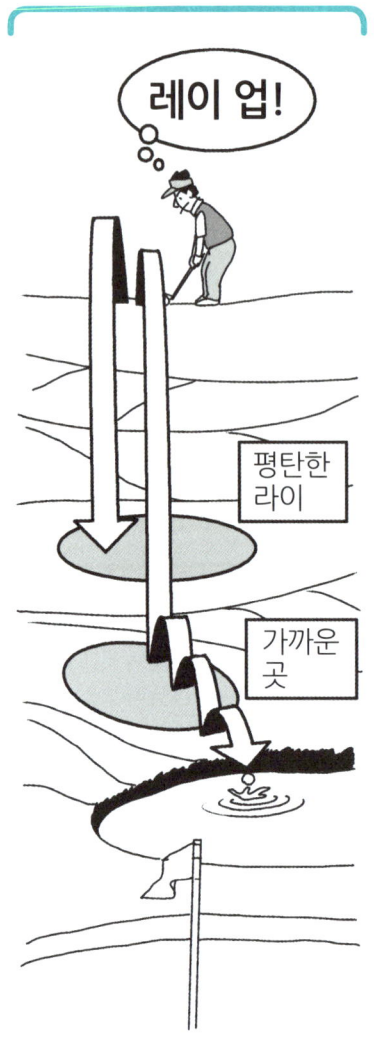

레이 업 할 때는 라이가 좋은 곳을 노리거나, 자신 있는 거리를 남겨야 한다. '조금이라도 그린 가까이'라며 거리에 욕심을 내면 실수하게 되는 것이 골프다.

싶다. 이를 위해서는 앞서 여러 번 말했듯이 자신의 '정확한 거리'를 알고 있는 것이 대전제이다. 그런 다음 '라이가 좋은 곳으로, 자신 있는 만큼의 거리를 남겨서 보내는 것'이 철칙이다.

거리와 '클럽 선택'의 착오

머리가 좋은 골퍼 볼이 있는 곳에 가면 우선 라이를 확인한다
머리가 나쁜 골퍼 볼이 있는 곳에 가면 그린까지의 거리를 확인한다

파4 홀. 티 샷을 한 후 볼이 있는 곳까지 갔을 때 맨 처음 무엇을 보고, 무슨 생각을 하는가?

머리가 나쁜 골퍼는 볼이 있는 곳에 서서 그린을 본다. 그리고 핀까지의 거리를 계측한다. 150야드가 남았다고 판단하면, 그 거리가 나오는 클럽으로 어드레스를 한다.

한편 머리가 좋은 골퍼는 볼이 있는 곳까지 오면 먼저 라이를 확인한다. 라이에 따라 사용하는 클럽이 한정되어 원하는 거리를 내지 못하거나, 반대로 너무 많이 가는 경우가 있기 때문이다.

예를 들어 볼이 깊은 러프에 들어간 경우 웨지로 꺼내는 것 말고는

다른 방법이 없다. 그러나 얕은 러프라면 플라이어(101페이지 참조)의 가능성이 있고, 이런 경우엔 짧은 클럽을 잡는 편이 나을 수도 있다. 운 좋게 러프 위에 볼이 올라와 있다면 행운을 음미하면서 스카이 샷이 나지 않도록(102페이지 참조) 주의한다.

볼이 페어웨이에 있을 때는 잔디 결을 확인한다. 순결이라면 헤드가 말끔하게 빠져나와 나이스 샷이 될 가능성이 높지만 역결이라면 헤드가 빠지지 않아서 걸리거나 뒤땅이 될 수 있다.

다음은 경사의 문제. 왼발 오르막 경사의 라이에 볼이 있다면 로프트가 커져서[?] 생각만큼 볼이 멀리 가지 않고, 왼발 내리막 경사라면 로프트가 작아져서 거리가 늘어난다. 발끝 오르막 상황에서는 볼에 훅 회전이 들어가 거리가 잘 나오지만, 발끝 내리막 경사에서 볼은 슬라이스 회전이 걸려 거리가 나지 않는다.

이런 것들을 대략 5초 안에 판단한다. 그리고 핀까지의 거리를 재는 것이다.

이렇게 되면 사용할 클럽이 2개 정도로 압축되는데, 아직 최종적인 결정이 난 것은 아니다. 바람, 핀까지의 높낮이, 핀의 위치와 그린의 단단함을 총체적으로 고려해야 하기 때문이다.

뒤바람에 내리막 홀이라면 짧은 클럽을 잡고, 반대라면 긴 클럽이어야 한다. 이 정도야 기본 중의 기본이니 더 말할 필요가 없을 것이다.

[?] 로프트가 크다: 샤프트와 클럽 페이스의 각도가 큰 것. 그런 만큼 볼이 높이 올라간다.

또한 핀의 위치가 그린의 왼쪽이나 앞쪽이라면 짧은 클럽을 잡는 편이 핀 가까이 붙일 가능성이 높다. 짧은 클럽이 훅이 나기 쉽고, 풀 샷을 했을 때 스핀을 먹여서 그린 앞 핀 근처에 세우기 쉽기 때문이다.

반대로 핀 위치가 그린 뒤쪽이라면 긴 클럽으로 살살 치는 것이 런을 이용해 핀에 붙일 가능성이 높아지고, 오른쪽에 있을 때도 슬라이스가 나기 쉬운 긴 클럽이 핀 근처에 붙이기 용이하다.

마지막으로 그린의 단단함. 스타트 홀은 그렇다 치고 이제까지 몇 홀을 플레이했으니 이 코스의 그린이 어느 정도 단단한지 파악했을 것이다. 그린이 단단하다면 볼이 잘 멈추지 않으니 짧은 클럽으로, 부드럽다면 볼이 잘 서게 되므로 긴 클럽을 잡는 것이 핀에 가까이 붙이는 요령이다.

즉 사용하는 클럽은 ①라이, ②타깃까지 거리, ③바람, ④높낮이의 차. 여기에 덧붙이자면 ⑤핀 위치, ⑥그린의 단단함이라는 여섯 가지 요소를 종합해 비로소 결정된다. 그리고 또 한 가지 ⑦당일 컨디션에도 좌우된다. 물론 사용하는 클럽이 정해진 뒤에는 스윙 아크의 크기(하프 스윙일지 스리쿼터 스윙일지 풀 스윙일지)와 구질, 탄도의 높이도 머릿속으로 계산해야 한다.

이렇게 말하면 굉장히 복잡하게 들리지만 머리가 좋은 골퍼는 이 복잡한 계산을 10초 이내에 완수한다(그 이상 걸리면 슬로 플레이가 된다). 프로라면 한두 번 보는 것으로 끝날 것이다. 그리고 자신이 계산한 대로 샷에 성공하고 핀 가까이에 볼이 갔을 때 골퍼는 대단한 만족감과 골프의 재미, 즉 볼을 내 마음대로 움직였다는 기쁨을 만끽하게 된다.

그린까지 150야드라는 캐디의 말에 생각 없이(아무런 관찰도 하지 않고!) 기계적으로 늘 잡는 아이언을 사용하는 골퍼는 실력에 진전이 없는 것은 물론, 골프의 진정한 즐거움에도 눈뜨지 못할 것이다.

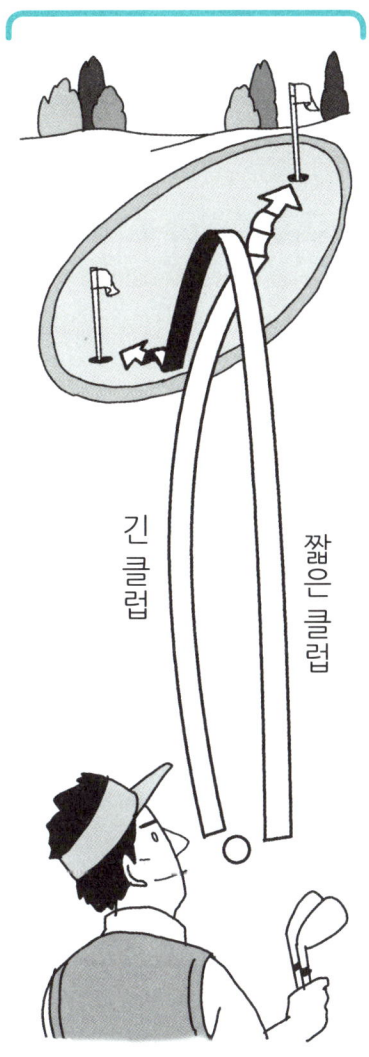

핀 위치를 보고 클럽을 선택. 그린 왼쪽이거나 앞쪽→짧은 클럽. 그린 오른쪽이나 안쪽→긴 클럽.

보이지 않는 '경사'에 주의하라

머리가 좋은 골퍼 미묘한 경사는 볼과 떨어진 곳에서부터 미리 확인한다

머리가 나쁜 골퍼 볼 가까이 가서야 비로소 경사를 확인한다

 티 샷이 좌우로 휘는 바람에 사면에 떨어지는 경우가 있다. 볼이 오른쪽으로 휘었다면 대부분 제2타는 발끝 오르막의 라이에서 샷이 되고, 왼쪽으로 휘면 발끝 내리막의 라이에서 샷이 된다.

 사면의 각도가 20도 이상이라면 어떤 골퍼라도 경사를 눈으로 확인할 수 있기 때문에 나름의 대책을 세우지만, 실제 골프 코스가 그렇게 단순한 경사만 있는 것이 아니다. 오히려 페어웨이에도 미묘한 언듈레이션(기복)이 있는 경우가 많아(아니, 엄밀하게 말하자면 평평한 라이는 거의 없다고 생각하는 편이 낫다), 이는 볼에서 살짝 떨어지지 않으면 알아채기 힘들다.

하지만 머리가 나쁜 골퍼는 페어웨이에 볼이 있는 것만으로 일단 안심한다. 사실은 미묘하게 발끝 오르막 경사이거나 내리막이거나 혹은 왼발 오르막이거나 왼발 내리막이지만 그저 평평한 좋은 라이라고 생각하고 스윙을 해서 각종 미스를 범하게 된다. "어? 왜 이러지?" 하고 본인은 고개를 갸웃하지만, 예컨대 미묘하게 발끝 오르막을 평평한 라이로 생각하고 샷을 하면 무의식적으로 체중이 발꿈치에 실리거나 클럽이 너무 길어져서 뒤땅, 토핑, 훅 등 각종 미스가 당연히 나오게 된다.

앞에서 볼 지점에 가면 우선 라이를 확인해야 한다고 했는데, 대부분 경사는 볼 지점보다 훨씬 전부터 살펴야 한다. 볼이 있는 곳에서 보면 미묘한 경사가 있어도 평평하게 보이기 때문이다.

요즘은 카트를 이용하는 코스가 늘고 있다. 도보 라운드라면 볼까지 걸어가는 동안 미묘한 경사를 확인할 수 있지만, 카트를 타고 볼 부근까지 접근하다 보면 이 미묘한 경사를 알아보기 힘들다. 카트를 타고 라운드할 때는 카트를 볼 가까이에 세우지 말고 조금 앞에서 내려 걸어가면서 경사를 확인하는 것이 좋다.

또 거리를 두고 걸어가다 보면 제2타를 어디로 에이밍해야 할지 전략을 짜기도 용이하다.

골프는 원래 걷는 스포츠다. 걷는 것은 단순히 건강에 좋은 것만이 아니라 리듬과 스코어 메이크를 위해서도 중요한 포인트다.

'업힐, 다운힐' 홀의 착각

머리가 좋은 골퍼 업힐은 라이너, 다운힐은 고탄도를 떠올린다
머리가 나쁜 골퍼 업힐은 고탄도, 다운힐은 라이너를 떠올린다

구릉이나 산악 지형의 골프장은 코스 안내에 '호쾌한 내리막'이라 부르는 홀이 많다. 대부분은 코스에서 가장 표고가 높은 곳으로, 티잉 그라운드와 제2타 지점의 고저 차가 20야드 이상인 경우도 많다. 경치도 좋고, 일순 400야드 이상 있는 그린도 원 온 할 수 있을 듯한 착각에 빠진다. 그래서 '호쾌하게' 스윙을 하지만, 볼은 오른쪽으로 크게 슬라이스가 나거나 굉장한 훅이 난다. 아마 비슷한 경험을 한 골퍼가 많을 것이다.

이런 미스의 최대 원인은 시선에 있다. 내리막 홀에서는 아무래도 시선이 아래로 간다. 그러면 오른쪽 어깨가 앞으로 나오며 어깨와 허

리의 라인이 열리기 쉽다. 그 결과 클럽의 궤도는 아웃사이드 인이 되어 슬라이스가 나거나, 페이스가 닫힌 채 볼이 맞으면 훅이 난다. 그리고 오른쪽 어깨가 앞으로 나와 상반신이 닫힌 채 임팩트하게 되어도 훅이 나고 만다.

반대로 오르막 홀에서는 시선이 위로 가기 쉽다. 또 무의식적으로 볼을 띄우려는 움직임이 나온다. 그러면 오른쪽 발에 체중이 실려 볼을 팔의 힘으로만 치는 스윙이 된다. 결과적으로 훅이 나거나 오른쪽으로 밀어내는 미스가 빈발한다.

내리막과 오르막 홀에서 티 샷이 크게 휘는 것은 경관으로 인해 시야가 변해 올바른 셋업이 어려운 것이 원인이다. 볼의 낙하지점이 높든 낮든 티잉 그라운드는 평평하다. 그렇다면 경관의 눈속임에 현혹되지 말고 플랫한 홀이라 생각하고 스윙을 해야 한다.

구체적으로는 시선을 항상 일정한 높이에 둔다. 그렇게 하면 내리막에서는 목표하는 그린 쪽 나무의 높은 꼭대기가 된다든지, 오르막이라면 시선 높이의 연장선에 있는 페어웨이에 볼이 박히는 듯한 이미지로 샷을 하게 될 것이다. 실제로 클럽에는 로프트가 있기 때문에 페어웨이에 볼이 박히는 일은 없다. 오르막이든 내리막이든 볼의 각도는 플랫한 홀과 같아야 한다.

그럼에도 여전히 경관에 민감하게 반응해서 실패하는 골퍼라면 내리막에서 고탄도, 오르막에서 라이너를 친다는 느낌으로 스윙을 하는 것이 좋다.

올바른 '그린' 공략법

머리가 좋은 골퍼 컵이 어디 있든 그린 센터를 노린다
머리가 나쁜 골퍼 항상 홀인원을 노린다

싱글이라면 롱 아이언, 평범한 골퍼라면 우드를 사용해야 하는 200야드 전후 거리의 쇼트 홀. 이런 쇼트 홀에서는 싱글이라도 '온만 하면 된다'고 생각한다.

하지만 사용하는 클럽이 미들 아이언 → 쇼트 아이언 → 웨지로 짧아지다 보면 누구든 단지 그린에 올리는 것만으로는 만족하지 않는다. 짧은 클럽일수록 컵 가까이, 그것도 오르막 라인이 남는 가장 좋은 곳에 볼을 올리고 싶어지는 것이다.

이 책의 취재에 협력해준 프로 골퍼가 이런 이야기를 한 적이 있다. 그가 아직 연습생이던 시절, 프로 테스트를 받기 전에 선배 프로가 다

음과 같은 조언을 해주었다고 한다.

"컵이 어디에 있든, 그린은 언제나 센터를 노려라."

프로 테스트라는 긴장감 넘치는 라운드에서는 컵을 노리면 실패한다 — 이것이 멘털을 위한 조언인가 했더니 실은 그렇지 않았다.

"그린 센터라는 것은 어디에 컵이 있든 컵까지 거리가 최대 그린의 반경에 불과하지요. 즉 말도 안 되는 긴 퍼팅이 남는 일은 없으니까 2퍼트로 넣을 수 있다는 것입니다. 만약 컵이 센터 부근에 있다면 당연히 버디 찬스도 있을 수 있으니 상당히 실전에 도움이 되는 조언이었습니다"라고 프로는 말했다.

그린 한쪽 구석에 있는 컵이라는 존재는 골퍼의 용기와 기량을 시험한다. 이런 홀에서는 조금이라도 실수를 하면 컵을 노리는 볼이 '가서는 안 되는' 벙커나 러프, 심각한 경우 워터해저드에 빠지기 쉽게 설계되어 있기 때문이다. 그러므로 많은 골퍼는 그 덫에 빠져서 오른쪽 끝에 있는 컵이라면 저 멀리 왼쪽 끝에 올려버리곤 한다.

물론 설계자의 유혹에 맞서는 용기 있는 소수의 골퍼는 핀 가까이 붙여서 버디를 하기도 한다. 그러나 현실에서는 '가서는 안 되는' 곳으로 볼이 가버리는 바람에 보기로 마무리하는 골퍼가 훨씬 많다.

그런 점에서 컵이 어디 있든 전혀 신경 쓰지 않고 언제나 그린의 센터만 노리는 골퍼는 강하다. 이런 부류의 골퍼는 '여기는 슬라이스를 먹여서 핀에 붙이자'라는 식의 생각을 하지 않는다. 잔기술을 쓰지 않고 평소와 다름없는 스윙을 하니 볼도 휘지 않는다.

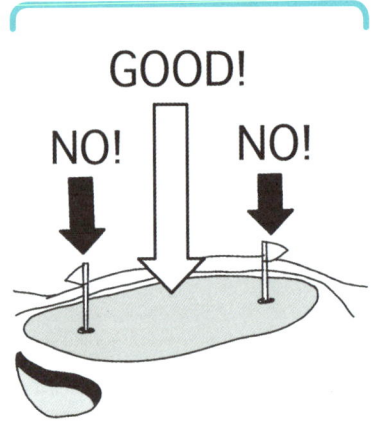

결과적으로 볼은 당연한 듯 그린 센터에 올라가고, 세 번에 한 번 정도는 버디 찬스가 온다. 왜냐하면 18홀 중 컵이 센터 부근에 있는 홀이 6홀 정도 있기 때문이다. 언제나 '그린 센터 노리기'는 코스 매니지먼트의 심오한 진리라고 생각한다.

컵이 어디에 있든 그린 센터를 노리면 코스의 덫에 빠지지 않는다.

'OB를 내지 않겠다'는 각오의 함정

머리가 좋은 골퍼 OB를 과도하게 의식하지 않는다
머리가 나쁜 골퍼 티잉 그라운드에 서면 맨 먼저 OB를 확인한다

처음 가는 코스. 티잉 그라운드에 섰을 때 맨 먼저 당신의 머릿속을 스치는 생각은 무엇인가. OB의 유무? 볼이 휘면 왠지 들어갈 것 같은 연못?

티 샷에는 '노려서는 안 되는 곳'이 있는데, 그 대표적인 예가 OB와 워터해저드다. 볼이 그쪽으로 가버리면 버디는커녕, 자칫하면 트리플 보기를 하게 된다. 그러므로 프로 골퍼는 우승컵이 걸려 있는 라운드의 경우 '절대로 오른쪽으로는 가지 않는' 샷을 한다.

오른쪽으로 보내는 게 버디를 하기 용이하다 해도 우승이 걸려 있는 경우라면 모험을 하지 않는다. 그러므로 버디를 할 확률이 조금 낮

아져도 안전한 왼쪽을 노리는 것이다.

대회와 상관없는 애버리지 골퍼들도 OB와 워터해저드를 피하고 싶은 것은 당연지사다. 그러므로 티잉 그라운드에 서서 맨 먼저 캐디에게 'OB 있어요?'라고 묻는 골퍼가 많은 것도 이해할 수 있다.

하지만 OB와 워터해저드에 신경을 쓰는 골퍼일수록 극력으로 피하고 싶은 OB 존이나 연못에 빠지는 경우가 많은 건 왜일까?

결론부터 말하자면 그가 OB 존과 연못을 '너무 많이 봤기' 때문이다. 예컨대 연못을 넘어야 하는 쇼트 홀의 티잉 그라운드에 선 애버리지 골퍼의 시선을 따라가면 재미있는 현상을 볼 수 있다. 그의 눈은 에이밍해야 할 그린 센터가 아니라 연못을 뚫어지게 보고 있는 것이다.

'저 연못에는 넣고 싶지 않아!' '아, 물 정말 싫은데……'

이런 생각이 그의 마음속에서 계속 반복되고 있을 것이다. 하지만 이런 부정적인 사고는 뇌에 스트레스만 줄 뿐이다. 자신의 행동이 실패로 끝나는 것을 오래 생각하다 보면 실제로 실패하기 쉽다. 그가 어드레스에 들어갔을 때, 맨 마지막에 머릿속에 남아 있던 생각이 '연못에는 넣지 않겠다'는 것이라면 의식이 연못을 향하고 있다는 증거이다. 그렇다면 연못으로 볼이 가는 것이 당연하다.

OB와 연못 등 '가서는 안 되는 곳'이 있는 홀이라도 최우선으로 의식해야 할 포인트는 '보내야 할 위치'이다. 'A에는 가면 안 돼' 하는 부정적 의식이 아니라 어디까지나 'B로 볼을 보내야지' 하는 긍정적 의식을 갖는 것이 중요하다.

'OB를 내지 않는' 숨은 비법

머리가 좋은 골퍼 에이밍하는 방향을 향해 똑바로 선다
머리가 나쁜 골퍼 휘는 것을 계산해 방향을 바꾼다

OB를 내지 않기 위해서는 우선 OB를 지나치게 의식하지 않는 것이 중요하다. 여기에 더해 다음과 같이 전략적으로 공략하면 완벽할 것이다.

오른쪽 도그레그에 오른쪽이 OB인 홀이 있다고 하자. 당신의 구질은 슬라이스(페이드)라고 가정한다. 이럴 때 이론적으로는 티잉 그라운드 오른쪽 끝에서 티업을 해서 페어웨이의 왼쪽 사이드를 노리는 것이 방법이다. 이렇게 페어웨이의 방향을 잘 이용하면 볼이 조금 슬라이스가 나더라도 오른쪽 OB 존까지는 가지 않게 된다.

볼이 오른쪽으로 휜다는 것을 아는 이상 왼쪽을 향해 치게 되면 볼

이 오른쪽으로 가는 정도는 줄어든다. 하지만 실제로는 예상 밖으로 볼이 슬라이스가 나서 '그렇게까지 휘지 않을 것'이라고 생각하던 OB 존에 들어가는 경우가 많다.

　이는 시각의 장난이라 할 수 있다. 똑바로 뻗어 있는 페어웨이에서 왼쪽을 향해 서면 골퍼는 무의식중에 '이대로라면 볼이 왼쪽 러프에 가게 될 거야'라고 판단해 평소 이상으로 볼을 슬라이스 시켜(몸을 열어서) 페어웨이 한가운데로 보내려고 한다. 평범하게 스윙을 해도 볼이 슬라이스 나는 사람이 무의식이라고는 하지만 더 큰 슬라이스를 치려고 하니 당연히 볼이 자신이 의도한 것 이상으로 오른쪽으로 가는 것이다.

　반대로 이를 지나치게 경계하다 보면 훅이 날 수도 있다. 왼쪽을 향하고 있는데 훅까지 난다면 왼쪽에 OB가 없다고 해도 큰 트러블에 휘말리게 된다.

　홀을 보고 비스듬히 몸을 비틀어도 문제가 되지 않는 사람은 방향을 바꾸어도 평소대로 스윙을 할 수 있는, 달리 표현하자면 '그 어떤 방향을 보고 있어도 똑바로 서 있다고 느낄 수 있는' 골퍼뿐이다. 시각의 장난에 휘둘리지 않기 위해서는 에이밍하는 목표를 보고 똑바로 서는 편이 낫다. 티잉 그라운드의 왼쪽에 티업을 해서 페어웨이의 왼쪽을 노리는 것이다.

　어드레스를 했을 때 아무래도 위화감이 있다면 다시 한번 재차 에이밍하는 방향과 구질을 확인하자.

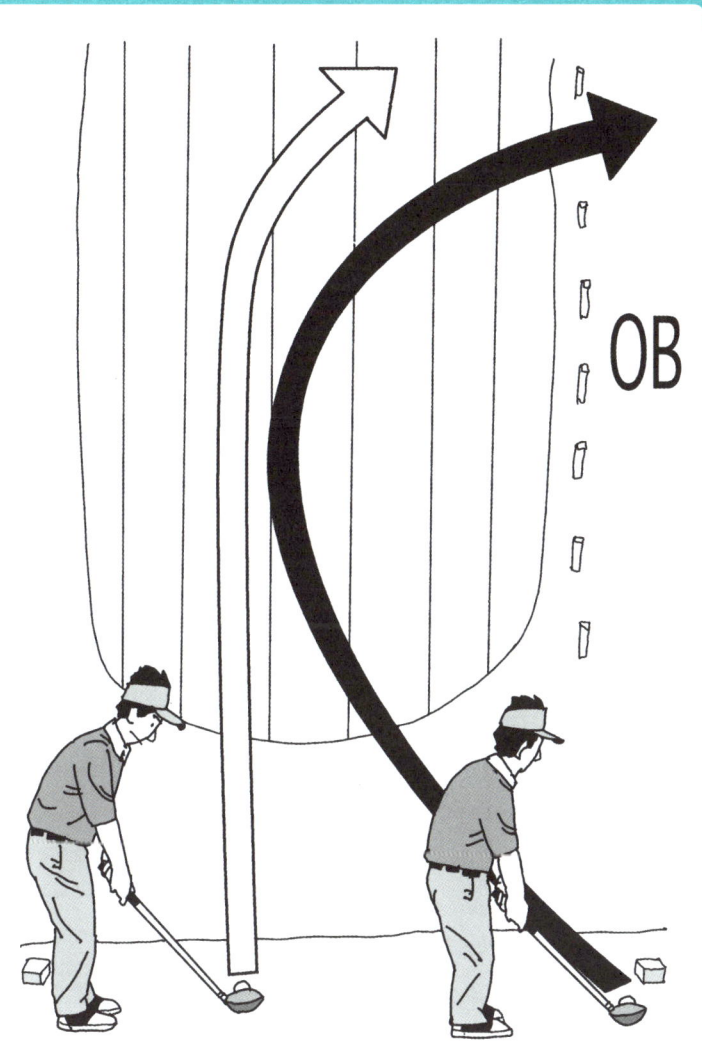

인간의 뇌는 교묘하게 이루어져 있다. 따라서 왼쪽을 향해 샷을 하면 왼쪽으로 너무 가는 것이 아닌가 하고 판단해 중앙으로 오게 하려고 명령을 내리기 때문에, 필요 이상으로 슬라이스 해서 OB가 나고 만다. 치려는 방향을 향해 똑바로 서는 것이 낫다.

'스코어 메이크'의 올바른 방법

머리가 좋은 골퍼 보기는 할 수도 있다. 하지만 더블 보기만은 하지 않는다

머리가 나쁜 골퍼 무슨 일이 있어도 파를 노린다

프로의 시합에서는 '참는 골프'라는 말을 자주 접한다. 참는 골프를 하는 경우는 코스의 난도가 높거나 혹은 퍼팅이 잘 들어가지 않는 등 버디 찬스가 잘 오지 않는 날이다. 이때 프로 골퍼는 어떻게든 보기만은 하지 않으려고 노력하며 파를 쌓아간다.

이런 컨디션에서 버디를 노리는 것은 과히 현명한 선택이 아니다. US 오픈 챔피언십이나 브리티시 오픈을 떠올리면 바로 이해할 수 있을 것이다. 과감하게 버디를 노리다가 보기나 더블 보기를 하는 선수가 얼마나 많은가.

그런데 생각해보면 애버리지 골퍼야말로 '참는 골프'를 염두에 두

어야 하지 않을까. 애버리지 골퍼도 파를 원한다. 하지만 매번 파 찬스가 오는 것은 아니므로, 머리가 좋은 골퍼는 보기를 여유롭게 용인한다. 왜냐하면 그는 '보기로 인내하는 동안 파 찬스가 온다'는 것을 알고 있기 때문이다. 그런 홀을 쭉 참으면서 한편으론 '더블 보기만은 하지 않겠다'는 다짐을 한다.

'보기는 어쩔 수 없어. 하지만 더블 보기만은 하지 않겠다.'

실은 '5언더' 싱글들도 이런 생각을 하면서 라운드를 한다. 이 클래스의 레벨에선 3홀에 한 번 정도는 보기를 하는데 이는 '어쩔 수 없는 것'이라고 포기한다. 18홀에서 6보기. 그러나 이렇게 참다 보면 하프라운드에 1~2회는 버디 찬스가 오고, 그 반을 성공하면 2버디. 그리고 계획대로 더블 보기만 하지 않으면 4오버로 라운드를 마칠 수 있는 것이다.

보통 100 전후의 스코어를 치는 골퍼라면 '더블 보기는 어쩔 수 없어. 하지만 트리플 보기만은 하지 않겠다' 하고 각 홀 1타 플러스만 하면 된다. 그러다 보면 22오버로 라운드를 마칠 수 있다. 파 72라면 94.

앞에서도 소개한 통계에 따르면 월 1회 라운드를 하는 골퍼의 75%는 100을 깨지 못한다고 하는데, 지금까지 100을 깨지 못한 분들이라면 이렇게 하면 바로 성공할 것 같지 않은가?

'보기는 할 수 있다. 하지만 더블 보기만은 하지 않겠다'로 이야기를 돌리자면 이 작전은 싱글뿐 아니라, 평균 스코어가 90 전후인 골퍼에게도 해당될 것이다. 많지 않은 파 찬스를 확실하게 내 것으로 만들고 더블 보기만 하지 않으면 '90 빼기 파의 숫자'로 라운드를 마칠 수 있다.

물론 애버리지 골퍼에게 '더블 보기를 하지 않는다'는 것은 간단한 일이 아니다. 그러나 본인이 갖고 있는 모든 지혜를 총동원해 '더블 보기만은 하지 않겠다'고 노력하면 확실히 골프 실력이 는다. 이런 집념도 골프에서는 반드시 필요하다.

chapter 3

• 위기에도 당황은 금물 •

코스의 해저드

궁지를 역으로 즐기는 지혜

골치 아픈 '바람'을 읽는 법

머리가 좋은 골퍼 모든 정보를 종합해서 바람을 읽는다
머리가 나쁜 골퍼 집중력이 떨어져서 대충 친다

골프 코스에는 다양한 해저드(장해물)가 있다. 벙커, 러프, 크리크, 연못, 페어웨이 한가운데 심은 소나무 가지 등 설계자가 의도적으로 만든 해저드는 물론이거니와 골퍼에게 가장 힘들고 고민스러운 해저드라면 '공중의 해저드', 즉 바람일 것이다.

2008년 브리티시 오픈에서는 풍속 20m 가까운 강풍이 불었다. 베테랑인 그레그 노먼(3일째까지 톱이었으나 아쉽게도 공동 3위로 끝났다)이 "타깃의 50야드 이상 오른쪽을 에이밍한 것은 처음이었다"며 질린다고 할 정도의 강풍이었다.

이런 강풍 상황에서 진행되는 라운드라면 세계적인 톱 플레이어도

파가 어려울 정도다. 스코어가 80 이상인 프로가 수두룩하다. 골퍼에게 있어서 바람이 최대 해저드라는 사실을 다시 한번 절감하게 된다.

따라서 프로 골퍼는 우리 아마추어가 상상하는 것 이상으로 바람에 신경을 곤두세운다. 아마추어도 바람이 있을 때는 샷 하기 전에 잔디를 뜯어 바람에 날려보고 풍향과 세기를 확인할 정도이니, 프로들이 얼굴과 피부에 닿는 바람의 감촉과 나뭇가지의 흔들림, 구름의 움직임, 연못이 있다면 물결까지 모든 정보를 수집, 분석해서 바람을 읽는 것은 당연하다. 바람의 세기와 방향을 잘못 판단하면 에이밍한 곳 전후좌우가 5야드 정도 차이가 생긴다. 72홀을 다투는 프로 골퍼에게 이 차이는 대단히 크다.

예를 들어 나뭇잎의 흔들림을 관찰한다. 낙엽수의 경우 나뭇잎 뒷면이 하얗게 보인다. 즉 멀리서 나무가 흔들릴 때 전체가 하얗게 보이는지 아닌지에 따라 풍향을 판단할 수 있다.

또 1장에서 라운드 초반에 코스 전체의 풍향을 파악해야 한다는 얘기를 했는데, 머리가 좋은 골퍼는 이제까지 돌고 온 홀의 바람을 기억한다. 그러므로 '7번 홀은 뒤바람이었으니, 반대쪽인 9번은 맞바람이 될 것이다'라는 판단이 가능하다.

바람을 판단할 때 어려운 점은 볼이 있는 지점과 그린 위 풍향이 다를 때다. 계곡을 건너야 하는 쇼트 홀의 경우처럼 도중에 바람이 빠지는 길이 있거나, 그린이 높은 나무에 둘러싸인 홀에서 자주 발생한다.

이런 상황에서 우선해야 할 사항은 그린 위 바람이다. 볼이란 처음 날아갈 때는 힘이 있어서 크게 바람에 흔들리지 않지만, 포물선의 정점부터 속도가 줄면 떨어질 때 영향을 크게 받기 때문이다.

바람을 읽을 수 있고 그에 대응하는 샷(뒤에 더 상세히 설명하기로 한다)이 가능하면, 골프가 점점 더 재밌어진다. 바람을 해저드가 아니고 골프의 재미를 배가시켜주는 중요한 요소라고 생각하면 골프 실력도 일취월장할 것이다(하지만 브리티시 오픈 같은 바람만은 가능하면 사양하고 싶다).

자신이 있는 곳과 그린 위의 풍향과 세기가 다를 때는 볼의 힘이 떨어지는 그린에 부는 바람을 우선한다.

'맞바람'이다! 어떻게 할 것인가?

머리가 좋은 골퍼 홀에 따라서는 대환영. 편하게 공략한다
머리가 나쁜 골퍼 바람에 지지 않으려고 세게 치다가 실수한다

맞바람과 뒤바람. 어느 쪽이 싫으냐고 물어보면 대부분의 골퍼는 맞바람이라고 대답할 것이다.

맞바람이 불면 당연히 거리가 나지 않는다. 특히 비거리를 원하는 골퍼라면 볼이 잘 나가지 않는다는 이유로 맞바람을 싫어한다.

하지만 머리가 좋은 골퍼라면 홀이나 컵의 위치에 따라 맞바람을 환영한다. 예를 들어 핀이 앞쪽에 있는 홀의 경우. 맞바람이 불고 있으면 쇼트 홀의 티 샷이든, 50야드의 어프로치든, 거리만 잘 맞으면 핀 바로 가까이에서 볼이 멈추기 때문이다.

무풍 상태에서 드라이버와 스푼을 각각 나이스 샷 해도 웬만해서 2

온 하기 힘든 롱 홀 역시 맞바람이 불 때 공략하기 쉽다. 이때는 처음부터 제3타에서 승부를 내기로 작정하고, 맞바람이 불고 있다면 제3타가 그린에 멈추기 쉬워지므로 편하게 공략할 수 있다. 이게 뒤바람이라면 2온을 욕심내게 된다. 하지만 뒤바람이 불 때 스푼으로 친 볼은 그린 위에서 잘 구르기 때문에 '가서는 안 되는 그린 안쪽 러프 혹은 OB'까지 가버릴 수 있다.

그러므로 맞바람이라고 해서 무조건 어려워할 필요는 없다.

맞바람을 싫어하는 상당수의 골퍼는 대부분 바람에 지지 않으려고 있는 힘껏 스윙을 한다. 그로 인해 볼이 위로 떠올라 한층 거리가 나지 않는다. 아니, 그 이전에 스윙의 균형을 잃고 갖가지 미스 샷을 범할 수도 있다.

맞바람이 불 때는 절대로 힘껏 치지 말 것. 클럽을 길게 잡고, 힘을 빼서 스윙을 한다. 뒤바람일 때는 거리가 늘어나므로 로프트가 큰 클럽을 사용하는데, 그만큼 볼이 위로 가니 자연스럽게 바람을 타고 가게 한다. 다만 그린에서는 볼이 잘 멈추지 않는다는 점도 잊어선 안 된다. 컵이 어디에 있든 목표는 프런트 에지[8]에 맞추는 것이 좋다.

---

[8] 프런트 에지: 그린에 접한 둘레. 에이프런과 그린의 경계.

'러프'에 강한 사람, 약한 사람

머리가 좋은 골퍼 러프의 깊이를 보고 볼이 가는 방향을 어느 정도 예측할 수 있다

머리가 나쁜 골퍼 다음 위치를 억지로 노리다가 상처가 커진다

토너먼트에서 우승 경쟁을 하는 프로 골퍼가 '오늘의 목표는?'이라는 질문에 '무엇보다 페어웨이에 안착하는 것입니다'라고 대답하는 장면을 흔히 볼 수 있다.

반대로 말하자면 '러프에 넣지 않겠다'는 의미인데, 어째서 프로 골퍼는 러프를 싫어하는 것일까?

이유는 간단하다. 러프 샷은 볼이 어떻게 갈지 예측하기가 어렵고, 그린 위로 올라갈 확률이 페어웨이 샷에 비해 현저하게 떨어지기 때문이다. 러프가 무성한 코스가 얼마나 어려운지는 US 오픈 챔피언십 등 '세계 최고'를 결정하는 시합의 우승 스코어가 대부분 이븐으로 끝

나는 것을 봐서도 짐작할 수 있다.

물론 볼이 깊숙이 들어가는 러프라면 로프트가 있는 웨지로 '꺼내기'만 하면 되니까 어느 정도 볼의 거리와 방향을 예측할 수는 있다. 하지만 이런 경우는 1벌타와 다름없다. 이것만으로도 충분히 러프를 싫어할 이유가 된다. 또 깊은 러프에서 풀 스윙을 하면 잔디의 저항으로 페이스가 닫히면서 강렬한 훅이 나기도 한다.

물론 얕은 러프라고 안심할 수 있는 것은 아니다. 이번에는 클럽의 페이스와 볼 사이에 잔디가 끼어서 볼이 너무 날아가거나, 스핀이 먹지 않아서 그린 위에서 잘 멈추지 않는다. 즉 볼을 컨트롤하기가 어려워진다는 얘기다. 이 역시 프로가 러프를 싫어하는 이유다.

러프 샷이 엉뚱하게 너무 날아가는 현상을 '플라이어'라고 한다. 원인은 볼에 백스핀이 먹지 않기 때문인데(그래서 그린 위에서 많이 굴러간다), 이것이 모든 골퍼에게 일어나는 현상은 아니다. 플라이어를 내는 골퍼는 헤드 스피드가 빠르고, 잔디를 쳐내는 타입, 즉 다운 블로 타입이다. 이런 골퍼는 클럽의 페이스와 볼 사이에 잔디가 한 줄기라도 끼어들면 플라이어가 되어버린다.

반대로 헤드 스피드가 빠르지 않고 깔끔하게 볼을 히트하는 타입은 플라이어가 잘 나지 않는다(단, 러프 때문에 볼이 잘 나가지 않는 현상도 충분히 일어날 수 있다).

또한 러프의 밀도에 따라서도 볼의 비거리가 달라진다. 양잔디와 같이 촘촘한 러프는 헤드 스피드가 빠른 골퍼라도 플라이어는커녕

러프에 볼이 묻혀 있지 않더라도 방심해서는 안 된다. 클럽이 볼 아래를 통과하며 위로 뜨는 스카이 샷이 될 수 있다

오히려 드롭이 나와 거리가 나오지 않을 수 있다.

어느 쪽이든 머리가 좋은 골퍼라면 자신의 기량과 러프의 깊이를 계산해 어떤 볼이 나올지 예측할 수 있다. 그 결과 억지로 그린을 노리지 않고 '일단 페어웨이에 올리면 된다'는 작전을 세우는 경우가 많다.

러프에서 무리하게 그린을 노리는 골퍼는 무모하다기보다 정확하게는 자신의 기량과 러프 샷과 볼의 상관관계를 이해하지 못하는 것이라 할 수 있다.

'러프 샷'의 현명한 지혜

머리가 좋은 골퍼 볼의 라이에 맞춰 '진지하게 연습 스윙'을 한다
머리가 나쁜 골퍼 '형식적인 연습 스윙'을 하고 미스 샷을 낸다

러프 샷은 러프가 순결인지 역결인지에 따라서도 결과가 크게 달라진다.

순결 러프는 뒤바람인 경우와 대단히 유사하다. 순결 러프는 잔디 저항이 적기 때문에 클럽이 쉽게 통과한다. 즉 거리가 나오고 볼이 잘 휘지 않지만, 스핀은 먹지 않기 때문에 볼이 잘 멈추지 않는다.

한편 역결 러프는 맞바람과 비슷하다. 클럽 헤드가 잔디 저항을 받기 때문에 거리가 나지 않고, 임팩트 때 페이스가 닫혀서 훅이 나기 쉽다.

순결이든 역결이든 러프에서 샷을 할 때는 반드시 볼이 있는 라이

에 맞춰서 연습 스윙을 해야 한다. 예를 들어 볼이 3cm 정도 빠져 있다면, 그 3cm 빠져 있는 볼을 치는 기분으로 '신중하게 연습 스윙'을 해보는 것이다(물론 볼이 움직이지 않도록 어느 정도 거리가 있는 곳에서 해야 한다).

여기서 핵심 포인트는 '신중하게'라는 점. 드라이버 샷처럼 스윙 궤도를 확인하는 정도의 가벼운 연습 스윙은 의미가 없다. '신중한 연습 스윙'은 잔디의 저항이 어느 정도인지 체크하는 데 의미가 있다. 잔디의 저항이 강하면 강할수록 로프트가 있는 클럽을 선택해서 잔디를 깎아내는 느낌으로 스윙해야 한다는 사실을 체감하게 된다.

또한 신중한 연습 스윙을 통해 그립의 강도를 조절할 수도 있다. 러프에서의 샷은 헤드가 닫히지 않도록 클럽을 평소보다 강하게 잡아야 하는데, 자칫 과하게 힘을 주면 헤드가 잔디에 묻히고 만다. 어느 정도의 강도로 조절해야 할지, 연습 스윙을 해보지 않으면 절대 알 수 없다.

이 동작을 한 후에 사용할 클럽을 결정한다. 그리고 얼마만큼 볼이 날아갈지 예측해 연습 스윙 때와 같은 느낌으로 볼을 친다. 물론 예측과 실제 결과가 다를 수도 있다. 하지만 이 결과는 또 하나의 귀중한 데이터가 될 것이다. 실력 있는 골퍼는 이런 데이터를 많이 축적해두고 필요할 때 바로 꺼낼 수 있는 능력을 지니고 있다. 러프 샷뿐 아니라 모든 리커버리 샷에서 풍부한 데이터가 큰 위력을 발휘할 것이다.

'페어웨이 벙커'에서 올바른 타법

머리가 좋은 골퍼 같은 실수라면 뒤땅보다 토핑이 낫다고 생각한다
머리가 나쁜 골퍼 볼을 띄우려다가 뒤땅, 볼은 아직도 벙커 안

    페어웨이 벙커 샷에서 가장 피하고 싶은 것, 그것은 바로 뒤땅과 벙커 턱에 볼을 맞히는 것이다. 뒤땅을 치면 거리가 나오지 않는 것은 물론 최악의 경우 볼이 벙커에서 빠져나가지 못하는 일도 흔하다.
    그럼에도 불구하고 애버리지 골퍼의 대부분은 이 같은 미스를 흔히 범한다. 이유는 두 가지.
    하나는 볼을 억지로 띄우고 싶은 마음에 오른쪽 어깨가 올라가서 볼 뒤쪽 지면을 치는 것이다.
    페어웨이 벙커 샷에서 볼을 억지로 띄우려 하는 것은 벙커 턱이 신경 쓰이기 때문일 것이다. 페어웨이 벙커에서 사용하는 클럽은 턱의

높이와 턱까지의 거리에 따라 결정된다. 이것 역시 러프 샷과 마찬가지로 경험치가 모든 것을 말해주긴 하지만, 이렇게 생각하는 방법도 있다.

클럽 페이스를 그림과 같이 지면에 딱 붙이고 어드레스를 취한다. 이때 샤프트 각도가 바로 볼이 날아가는 각도와 같다. 당연히 로프트가 있는 클럽일수록 샤프트가 선다. 즉 날아가는 각도가 커지는 정도를 알 수 있다(물론 이 동작을 벙커 안에서 하면 페널티를 받으므로 벙커 밖에서 해야 한다. 벙커뿐 아니라 높은 나무를 넘어야 하는 샷을 준비할 때도 이 방법이 효과적이다).

이런 것을 염두에 두면서 턱을 넘기고, 원하는 거리만큼 갈 수 있는 클럽을 선택한다. 보통 모래의 저항을 고려해 클럽을 하나 더 크게 잡는다고 하는데 이는 어디까지나 턱을 넘길 수 있다는 조건에서 할 일이다.

이렇게 클럽이 결정되면 평소와 같은 샷을 하면 된다. 턱을 넘길 수 있는 클럽을 잡았으므로 따로 볼을 띄우려고 할 필요가 없다. 볼의 중심을 맞힌다는 느낌을 의식한다. 턱까지 거리가 있다면 토핑을 내는 편이 나은 경우도 있다. 실제 토핑이 났다 해도 뒤땅보다는 좋은 결과를 볼 수 있을 것이다.

그런데 이때 애버리지 골퍼는 불필요한 행동을 덧붙이곤 한다. 발을 깊숙이 모래에 묻어서 발밑을 단단하게 하는 것이다. 그 결과 발끝 오르막이라고 하는 어려운 라이를 만들게 된다. 이것이 페어웨이 벙

위의 그림처럼 클럽 페이스와 지면을 같은 라인으로 했을 때 샤프트 각도는 대략 볼이 날아가는 각도와 같다. 이것을 참고해 클럽을 선택한다. 볼을 띄우겠다는 의식을 버리고 평소와 같은 샷을 할 것.

커에서 저지르는 흔한 미스의 두 번째 패턴이다.

물론 모래가 부드러워서 어느 정도 발밑을 다지지 않으면 하반신이 흔들리는 경우라면 어쩔 수 없다. 이때는 클럽을 짧게 잡고 평소보다 볼에서 떨어져 서는 등 '발끝 오르막 라이'에 대응하는 셋업을 해야 한다. 하지만 어드레스는 평소와 똑같이 하면서 발만 모래에 깊이 묻어버리면 자연스럽게 뒤땅을 치게 되는 것이다.

어쨌든 페어웨이 벙커 미스 샷을 하는 근본적인 원인은 이것이 특수한 샷이라는 생각에 과도하게 사로잡혀 있기 때문이다. 벙커라는 해저드에 볼이 있으니 나이스 샷을 구사하기 어려운 것이 사실이다. 하지만 페어웨이까지 꺼내기만 하면 된다는 기분으로 평소와 같은 스윙을 하면 큰 미스가 나는 일은 없을 것이다.

'가드 벙커'에서 올바른 타법

머리가 좋은 골퍼 모래에 따라 페이스 각도를 바꾼다
머리가 나쁜 골퍼 항상 오픈 페이스로 잡는다

    같은 벙커 샷이라도 그린 주변에 있는 가드 벙커는 페어웨이 벙커보다 한층 신경 쓰인다. 왜냐하면 샷을 했을 때 볼의 높이(턱을 넘는 높이)와 핀까지의 거리, 스핀양과 런의 거리까지 계산해야 하기 때문이다. 그러나 스핀양까지 계산하는 것은 프로나 상급자의 영역이므로 여기에서는 그렇게까지 많은 것을 바라지 않기로 하자.

    벙커에서 탈출해서 컵 근처로 가는 것에 집중한다면 벙커에 들어갔을 때 볼의 라이를 확인하는 것이 우선이다. 볼이 어느 정도 모래에 빠져 있는가? 턱까지 거리와 필요한 높이는? 벙커 모래의 질은?

    이 중에서 가장 간과하기 쉬운 것이 모래의 질이다. 보통 모래 입자

가 곱고 부드러운 벙커일수록 헤드가 모래 속으로 깊이 빠진다. 그러므로 익스플로전 샷(직접 볼을 치지 않고 모래의 폭발력으로 볼을 보내는 샷)을 하기 위해서는 페이스를 열고, 샌드 웨지의 바운스(솔의 높은 부분)를 강조하는 어드레스를 한다.

반대로 입자가 거칠거나, 모래가 무겁거나, 모래 양이 적거나, 모래가 젖어 있는 경우는 바운스가 튕기는 경우가 많으니 페이스를 스퀘어 혹은 살짝 닫는 정도로 잡아서 헤드가 확실하게 모래 안으로 들어가게 한다.

벙커 모래의 질과 양은 눈으로 보는 것만으로는 알 수 없는 경우가 많다. 중요한 것은 모래를 밟았을 때의 감촉, 즉 '발바닥의 감각'을 최대한 활용해 모래 질과 양을 판단하는 것이다. 예상보다 모래가 적어서 모래 아래의 단단한 땅에 클럽이 튕겨나가는 경우가 있는데, 플레이어가 벙커에서 확실하게 발밑을 다졌다면 모래 양을 미리 파악하고 나름의 대책을 세울 수 있을 것이다.

벙커 샷의 기본적인 방법은 클럽 페이스를 열고, 자세를 낮춰서 오픈 어드레스를 취하는 것이다. 무릎을 구부려 자세를 낮추면 그만큼 클럽 헤드가 볼 아래쪽으로 들어가기 쉽다. 그리고 체중을 왼발에 남겨둔 채 볼의 5cm 뒷부분을 커트로 넣는다(페이스를 오픈했으니 스탠스에 따라 스윙을 하면 자연스럽게 커트가 된다). 중요한 것은 어드레스 때 미리 임팩트의 모양을 만드는 것이다.

자, 이제는 용기를 갖고 클럽을 끝까지 휘두르면 된다.

발바닥으로 모래의 질과 양을 확인한다. 모래가 부드러울 때는 헤드가 모래 속으로 깊이 들어가기 때문에 페이스를 열고, 무거울 때는 살짝 닫는 기분으로 친다. 어느 쪽이든 어드레스 때 임팩트의 형태를 만들어 클럽을 끝까지 휘두르는 것이 중요하다.

'벙커 샷'의 거리감 파악하기

머리가 좋은 골퍼 있는 힘껏 핀까지의 거리를 친다
머리가 나쁜 골퍼 긴장해서 늘 쇼트가 난다

애버리지 골퍼의 벙커 샷은 80% 쇼트가 난다. 오버하는 경우는 낙하지점이 내리막 경사이거나, 직접 볼을 쳐버려서 '홈런'이 나는 등 대부분 '꺼내는' 것에 의미를 두는 경우가 압도적으로 많다.

어째서 애버리지 골퍼의 벙커 샷은 '꺼낸다'는 수준에 그칠까? 첫 번째 이유는 모래를 너무 많이 퍼내는 것이고, 또 다른 이유는 스윙을 끝까지 하지 못하기 때문이다.

전자의 경우 클럽을 너무 볼 뒤에 넣는 것이 원인이고, 후자의 경우는 심리적인 문제가 크다. 가드 벙커 샷이라면 핀까지 10~20야드가 되는 케이스가 많다. 즉 애버리지 골퍼는 이런 짧은 거리에서 풀 스윙

을 하는 것이 두려운 것이다.

가장 흔히 볼 수 있는 미스는 클럽을 있는 힘껏 모래 안으로 넣고 그대로 끝내는 것이다. 그러나 이런 샷으로는 모래와 함께 볼을 날려 보낼 수가 없다. 벙커 샷은 볼 아래에 있는 모래를 슬리퍼 정도의 크기로 얇게 깎아내는 느낌으로 하라는 말을 흔히 듣는데, 클럽을 끝까지 휘두르지 않으면 슬리퍼 크기의 모래를 깎아낼 수 없기 때문이다.

물론 스윙의 크기는 통상적인 어프로치보다 2~3배 커진다. 하지만 모래 저항이 있고 클럽 페이스가 열려 있기 때문에 절대로 50야드 이상 날아가는 일은 없다.

벙커 샷의 거리는 보통 페이스가 열린 정도와 스윙의 크기로 조절하는데, 이는 경험치가 큰 바탕이 된다. 그러므로 처음에는 있는 힘껏 핀까지 거리를 쳐보기로 하자. 클럽이 들어가는 곳과 입사각이 딱 들어맞았다면 제대로 스핀이 먹어서 핀 근처까지 튕기며 볼이 딱 멈춰 설 것이다. 설령 모래를 너무 많이 퍼냈다고 하더라도 마지막까지 스윙을 했다면 스핀이 걸리지 않은 볼은 어느 정도 굴러가서 핀 근처에서 멈춘다.

안니카 소렌스탐 역시 이런 조언을 한 바 있다.

"벙커 샷을 할 때 스윙에 대해 한 가지만 생각해야 한다면 그것은 '어깨를 완전히 돌려야 한다'는 것이다."

'어깨를 완전히 돌린다'는 것은 '끝까지 스윙을 한다'와 같은 의미임은 굳이 설명할 필요가 없을 것이다.

'모래에 박혀 있는 벙커 샷'의 올바른 타법

머리가 좋은 골퍼 페이스를 닫고 볼 바로 뒤를 예각으로 친다
머리가 나쁜 골퍼 페이스를 열고 힘주어 스윙을 한다

맞바람이 부는 가운데 그린을 노렸으나 볼이 뜨는 바람에 그린 바로 앞 벙커에 떨어졌다. 혹은 벙커를 넘어야 하는 어프로치에서 붕 떠오르는 로브 샷에 도전했지만, 쇼트가 나서 벙커 안으로……. 이럴 때 골퍼들은 불길한 예감에 사로잡힌다. 벙커 바로 위에 떨어졌으니 모래 안에 박혀 있을 가능성이 높기 때문이다.

모래에 박히는 볼은 두 종류가 있는데, 하나는 볼이 반 이상 모래에 묻혀서 주변의 모래가 조금 올라와 있는 상태이다.

또 한 가지는 볼이 깊숙이 들어가지 않았지만 주변 모래가 화산구처럼 크게 올라와 있는 상태이다.

전자는 모래가 단단하고 양이 적을 때 나타나고, 후자는 모래가 부드럽고 양이 많은 경우이다.

어느 쪽이든 모래에 박힌 벙커 샷은 골퍼에게 까다로운 샷임에 틀림없다. 대부분 '벙커에서 꺼내기만 하면 된다', '핀 가까이 가준다면 더할 나위 없는 행운'이라 생각한다.

일단 여기서는 단순히 스윙 방법에 대해서만 집중하기로 하자.

벙커 샷은 샌드 웨지의 페이스를 여는 것이 기본이지만, 전자의 경우는 페이스를 열면 안 된다. 스퀘어 혹은 조금 닫힌 느낌으로 치지 않으면 클럽이 볼 아래 모래에 들어가지 않는다. 볼의 위치는 평소의 벙커 샷보다 안쪽(스탠스의 한가운데 정도)에 두고, 볼 1~2cm 뒤를 예각으로(위에서) 친다. 리딩 에지를 툭 하고 쳐 넣어서 재빨리 꺼낸다는 느낌으로 스윙을 하면, 샤프트가 채찍과 같은 효과를 내며 모래 속에서 볼을 구출해낼 수 있다.

후자의 부드러운 모래의 경우는 오픈 페이스로 시도한다. 샷 방법은 전자와 같다. 두 경우 모두 볼이 잘 뜨지 않고 스핀이 걸리지 않으므로 런을 계산해둔다.

모든 것이 그렇지만 모래에 박혀 있는 볼을 꺼내는 일은 경험치에 비례한다. 벙커 연습장이 있다면 반드시 연습을 하는 것이 좋다.

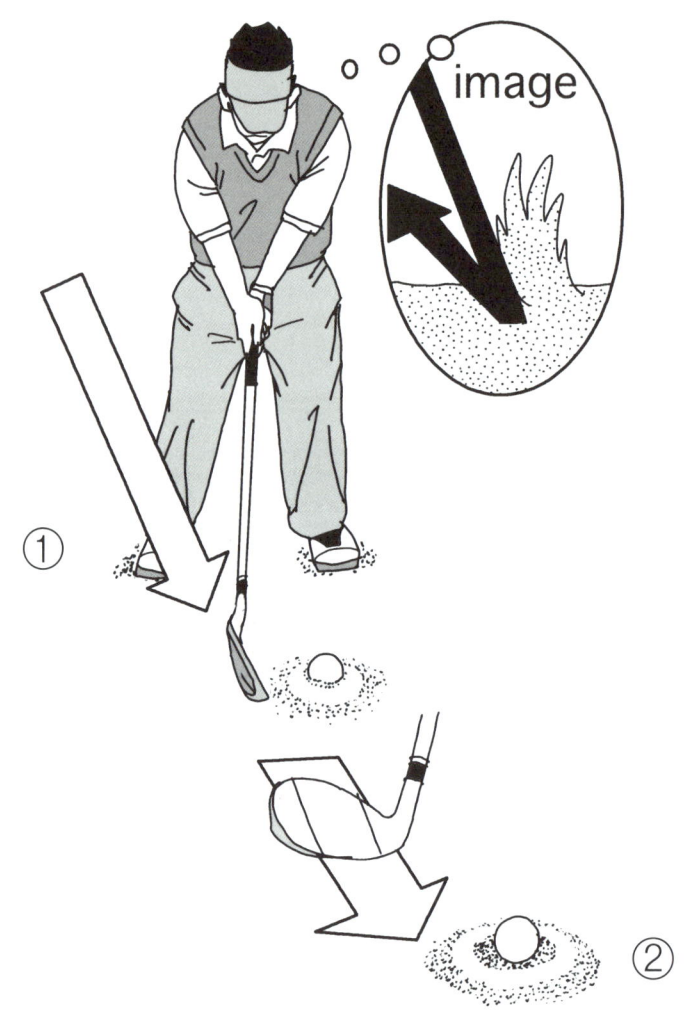

① 볼이 반 이상 모래에 묻혀서 주변 모래가 조금 올라와 있는 경우→페이스는 스퀘어 혹은 닫는다는 기분으로 예각으로 친다.
② 볼은 깊이 들어가지 않았지만 주변 모래가 많이 올라와 있는 경우→페이스는 열지만 에지를 툭 하고 쳐 넣어서 날렵하게 꺼내는 느낌.

'티잉 그라운드'에는 덫이 많다

머리가 좋은 골퍼 쳐야 하는 방향을 확인하고 그 방향으로 친다
머리가 나쁜 골퍼 티잉 그라운드의 경사, 방향에 맞춰버린다

지금까지 바람, 러프, 벙커 등 대표적인 해저드의 대응책에 대해 설명했는데, 이번 장에서 마지막으로 애버리지 골퍼가 쉽게 빠지는 코스의 덫에 대해 살펴보기로 한다.

이 덫은 의외의 곳에 있다. 바로 티잉 그라운드다.

티잉 그라운드라면 평평하고, 잔디가 깔끔하게 깎여 있으니 연습장과 같은 조건에서 스윙을 할 수 있는 곳이라고 쉽게 생각하는 골퍼가 많을 것이다.

하지만 잘 관찰해보면 티잉 그라운드는 평평하지만은 않다. 특히 티 마크가 티잉 그라운드의 끝부분에 놓인 경우는 주의해야 한다. 오

른쪽 끝이라면 발끝 내리막 경사, 왼쪽 끝이라면 발끝 오르막 경사일 수 있다. 이를 처음부터 알고 있다면 티 샷을 한 볼이 어느 쪽으로 휘게 될지 예상할 수 있고, 라이로 인해 볼이 휘는 것이 싫다면 가능한 한 평평한 장소를 찾아서 그곳에서 티업을 하면 된다.

다음으로는 잔디의 높이다. 잔디를 짧게 깎았을 때는 평소와 같은 높이로 티업을 할 수 있지만, 잔디가 긴 경우에는 자기도 모르게 티를 높게 조정하게 된다. 그 결과 볼이 위로 뜨면서 훅이 나기 쉽다. 잔디가 조금 긴 느낌이라도 발 딛는 곳의 높이에는 변함이 없다. 즉 클럽 헤드가 통과하는 높이는 달라지지 않는 것이다.

마지막으로 티잉 그라운드의 방향이다. 티잉 그라운드는 언뜻 보기에 페어웨이의 한가운데를 향해 만들어진 것처럼 보이지만 반드시 그렇지는 않다. 설령 그렇게 만들었다 하더라도, 티 마크를 연결한 라인이 에이밍하는 비구선과 직각으로 교차한다는 보장은 없다.

그런데 애버리지 골퍼 중에는 티잉 그라운드의 방향이나 티 마크를 연결한 라인에 너무 고지식하게 스탠스를 잡는 사람이 많다. 티업을 할 때 속칭 '배꼽이 나오지' 않도록 누구나 티 마크를 연결한 선을 확인하지만, 어드레스를 할 때까지 이 선의 이미지가 남아 있으면 자기도 모르게 직각으로 서게 되는 것이다.

이런 착각에 빠지지 않으려면 티업을 하면서 티 마크를 연결한 선과 티잉 그라운드의 방향을 모두 잊어버려야 한다. 볼 뒤에서 에이밍하는 방향을 확인하면 그 방향으로 치는 것에만 집중해서 어드레스를 하자.

그래도 뭔가 위화감이 든다면 이는 필시 '경관의 덫'이다. 이럴 때는 어드레스에서 빠져나와 다시 방향을 확인하도록 한다. 그 방향이 틀림없다는 것을 확인했다면, 이제는 예상대로 볼이 궤도를 그려줄 것이라는 믿음을 가지고 스윙을 한다.

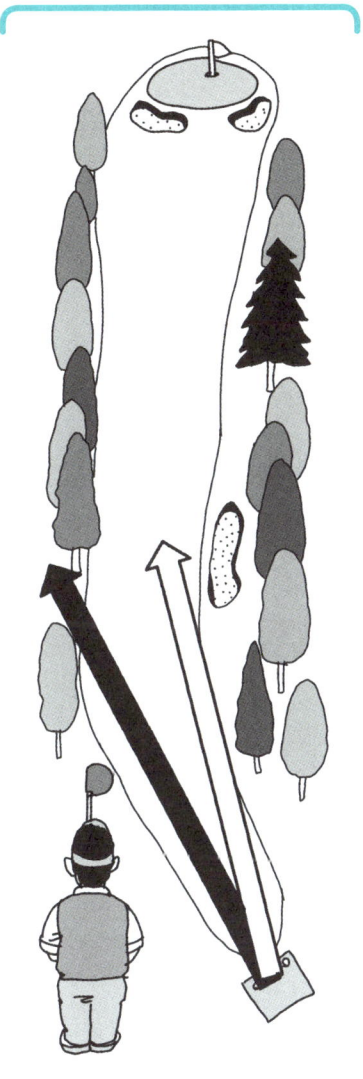

티잉 그라운드의 방향을 기준으로 스탠스를 잡는 것은 옳지 않다. 목표를 정하고, 그 방향을 향해 쳐야 한다.

chapter 3 코스의 해저드 · 119

chapter 4

• 점점 자신이 생긴다 •

어프로치와 퍼팅

가까이 붙이는 비책

부드러운 '어프로치'의 기본

머리가 좋은 골퍼 방향을 바꾸지 않고 클럽을 바꿔서 피치 앤 런
머리가 나쁜 골퍼 언제나 샌드 웨지로, 치는 방법을 바꾼다

PGA 투어에서 활약하는 프로 골퍼 중에는 타이거 우즈나 이마다 류지처럼 웨지 한 자루로 다양한 어프로치 샷을 보여주는 골퍼가 적지 않다.

이들의 무기는 대부분 58~60도의 로브 웨지[2]이다. 이 로프트가 큰 클럽으로 어떨 때는 페이스를 더 오픈해 볼을 높이 띄우는 로브 샷을 보이고, 어떨 때는 페이스를 닫아서 7번 아이언으로 굴리는 것 같은 볼을 치기도 한다. 볼의 높이나 스핀 크기도 자유자재다.

---

[2] 로브 웨지: 로프트가 60도 전후인 웨지. 통상적으로는 볼을 높이 띄웠다가 떨어지는 어프로치에 사용한다.

명인의 예술이랄까, 장인의 기술이랄까. 보고 있으면 탄성이 절로 나오는 재량이다. 물론 갤러리의 환호를 위해 클럽 하나로 여러 가지 어프로치 샷을 보여주는 것이 아니다. 그들은 이 단 한 자루의 클럽을 거의 자기 손이라고 할 수 있을 정도로 철저하게 연습한다. 그렇게 하다 보면 클럽을 손에 잡은 순간 다양한 어프로치의 이미지가 떠오르고, 이는 아마 다른 클럽으로는 만들어지지 않을 것이다. 그만큼 좋아하는 클럽을 신뢰하고, 그 배경엔 신뢰를 이룩한 만큼의 연습량이 존재한다.

한편 우리 아마추어는 어떨까. 프로처럼 1개의 클럽을 자기 손처럼 다룰 수 있을 정도로 연습한 사람은 아마 드물 것이다.

그럼에도 불구하고 아마추어 골퍼 중에는 그린 주변에서의 어프로치 상황에 무조건 샌드 웨지를 사용하려는 사람이 많다. 그리고 '볼을 띄우고 싶을 때는 볼을 왼쪽에 두고, 체중을 오른쪽에' 혹은 '볼을 굴리고 싶을 때는 볼을 오른쪽에 두고 퍼팅하는 요령으로' 등 레슨 교본서나 알은척하기 좋아하는 사람들의 조언에 따라 이것저것 시도한다.

물론 이 노력이 보람이 없는 것이 아니고, 골프 실력 향상을 위해서라면 피할 수 없는 길이다.

하지만 만약 당신이 '연습 시간은 많지 않다. 그래도 실전에선 뒤땅이나 토핑 같은 큰 실수를 하지 않고, 세 번에 한 번 정도 핀 가까이 붙여서 파를 하고 싶다'고 생각한다면, 이런 여러 가지 방식을 생각해서는 안 된다. 그린 주변에서의 어프로치는 피치 앤 런 한 가지로 제한하고, 나머지는 거리에 따라 클럽을 바꾸는 것이 스코어 메이크를 위한 지름길이다.

피치 앤 런을 하는 포인트를 설명하자면

① 스탠스는 약간 오픈, 어깨는 스퀘어로 잡고 양쪽 발을 모은다.

② 볼은 오른발 앞.

③ 핸드 퍼스트로 잡는다(임팩트의 모양이 될 것이다).

④ 왼발에 체중을 두고, 그 왼발을 축으로 몸을 회전하며 친다.

중요한 포인트는 절대로 손으로 쳐서는 안 된다는 것이다. 어깨와 양손으로 할 수 있는 삼각형과 손목의 각도를 처음부터 마지막까지 유지하면서, 어디까지나 몸의 회전으로 치는 것이다.

그리고 이 방법으로 웨지와 쇼트 아이언의 캐리와 런의 비율을 확인해보면

- 샌드 웨지 → 캐리 2 : 런 1
- 피칭 웨지 → 캐리 1 : 런 1
- 7번 → 캐리 1 : 런 2

등의 '법칙'을 발견할 수 있을 것이다. 클럽별 캐리와 런의 법칙이 완성되면 이후엔 실전 라운드에서 어프로치에 사용할 클럽을 알 수 있다.

예를 들어 볼에서 그린 에지까지 5야드, 에지에서 컵까지 7야드의 12야드 어프로치라면

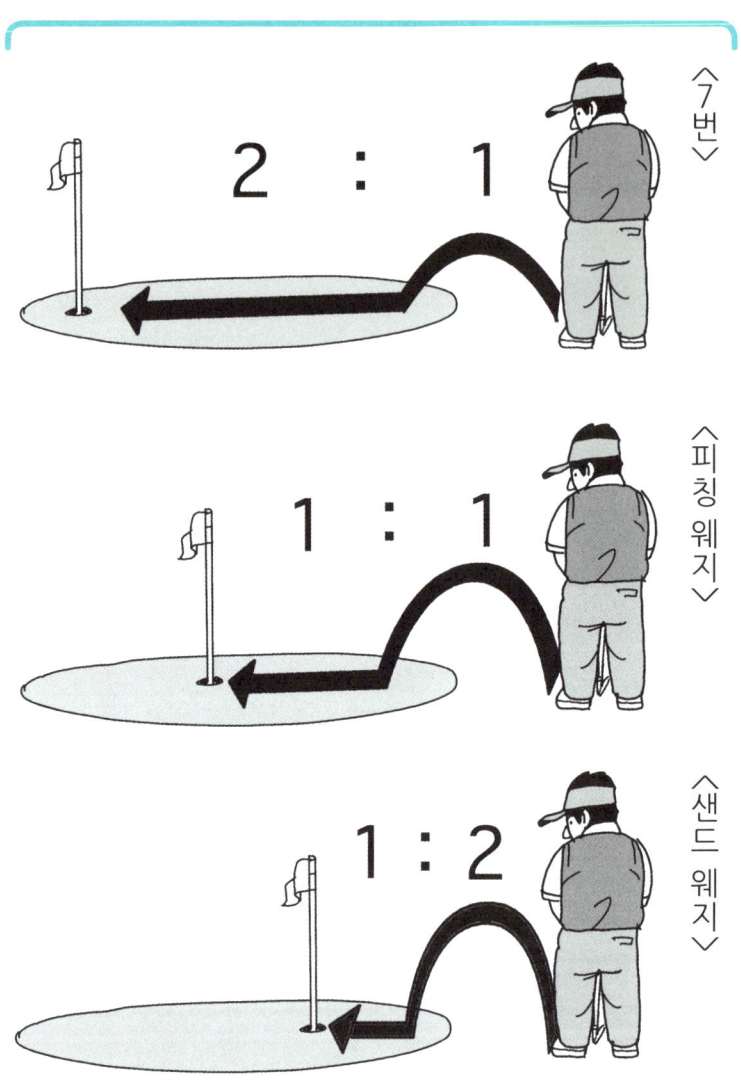

어프로치는 피치 앤 런으로 제한한다. 거리에 따라 클럽을 선택한다. 이때 캐리와 런의 비율을 알아둔다.

- 샌드 웨지 → 캐리 8야드 : 런 4야드
- 피칭 웨지 → 캐리 6야드 : 런 6야드
- 7번 → 캐리 4야드 : 런 8야드

세 가지 공략법이 있다. 그렇다면 이 중에서 가장 미스의 확률이 적은 방법을 선택하자.

이런 경우 맨 먼저 제외되는 것은 7번 아이언을 사용하는 방법이다. 이것은 낙하지점이 그린 밖이 되므로 잘 구르지 않을 것이고, 얼마나 굴러갈지 예측하기가 어렵다.

샌드 웨지로 할지 피칭 웨지로 할지는 미묘하지만, 피칭 웨지는 떨어뜨린 곳이 에지의 1야드 너머가 되므로 샌드 웨지보다는 노리기 쉬울 듯하다.

물론 볼의 라이나 그린 경사 등 그린 주변의 어프로치에는 고려해야 할 요소가 적지 않지만, 벙커를 넘기는 등 특수한 케이스를 제외하면 대부분의 어프로치는 '치는 방법은 바꾸지 않고 클럽을 바꾸는' 것으로 대부분 해결된다.

'어프로치' 미스를 줄이려면?

머리가 좋은 골퍼 '신중한 연습 스윙'으로 스윙의 너비와 피니시를 확인

머리가 나쁜 골퍼 '대충대충 연습 스윙'으로 실패

골프 샷은 드라이버에서 퍼팅까지 클럽을 가속시키면서 임팩트를 맞는다(클럽 헤드가 높은 곳에서 지면으로 내려오기 때문에 물리적 가속이 당연하다).

그런데 50야드 이내의 어프로치에서 임팩트 직전 클럽 헤드 스피드를 억지로 감속시켜서 실패하는 골퍼가 적지 않다. 이른바 '임팩트가 풀린다'는 현상이다.

50야드 이내의 어프로치에서는 우선 풀 샷을 할 일이 없다. 샌드 웨지라면 샌드 웨지의 스윙 너비를 컨트롤해서 거리를 조절해야 하는데 막상 실전에서 클럽을 들어 올린 순간 '아, 이건 좀 크겠는걸?'

하는 생각이 드는 것이다.

　이렇게 되면 골퍼는 임팩트의 힘을 조절해서 거리를 맞추려고 하고, 그 결과 억지로 헤드 스피드를 감속시켜서 실패하게 된다.

　그렇다면 어째서 클럽을 들어 올린 순간 '아, 이건 좀 크겠다'는 생각이 들까?

　이유는 연습 스윙을 대충 했기 때문이다.

　어프로치 샷이란 기본적으로 모두 컨트롤 샷이다. 그렇다면 실제 샷을 하기 전에 '이 정도의 너비로 해야 한다'는 사실이 확실하게 머릿속에 각인되어 있어야 한다. 그리고 이것이 실현되기 위해서는 필수적으로 '신중한 연습 스윙'이 전제된다.

　그런데 어프로치에서 실수를 반복하는 골퍼는 연습 스윙이 치기 직전 단순히 긴장을 풀기 위한 의미일 뿐, 실전 리허설이라는 각오가 없다. 그러므로 실전에서 힘을 주면서 과하게 들어 올리고 '아, 이건 좀 클 것 같다'는 느낌을 그제야 갖는 것이다. 그리하여 임팩트가 풀리는 결과가 발생한다.

　러프와 마찬가지로 미묘한 힘 조절과 스윙 너비 계산이 필요한 샷은 '신중한 연습 스윙'이 필수 불가결하다. 연습 스윙에서 자신이 머릿속으로 그린 톱과 피니시의 높이(톱과 같은 높이)를 확인한 뒤, 핀 가까이 붙인다는 믿음을 가지고 피니시까지 확실하게 스윙을 한다.

어프로치 '헤드업'의 오해

머리가 좋은 골퍼 임팩트한 후에는 눈으로 볼을 좇는다
머리가 나쁜 골퍼 임팩트한 후에도 머리를 고정한다

아주 오래전부터 '스윙의 철칙'이라며 전해지는 내용 중에 '머리를 들지 말라'는 것이 있다.

헤드업을 방지하기 위한 계율일 것이다. 임팩트 전에 머리를 들면 그에 따라 상반신도 일어나며 토핑과 슬라이스 미스가 나기 쉽다.

그래서인지 어프로치에서도 이 계율을 금과옥조로 지키는 골퍼가 적지 않다. 어프로치 연습은 풀 샷이 아니기 때문에 임팩트 후에도 머리가 그대로 아래를 향하는 이유가 된다.

그러나 결론부터 말하자면 어프로치에서는 머리를 고정해서는 안 된다. 머리를 고정해 상반신이 들리지 않으면 토핑을 하는 실수는 방

지할 수 있을지 모른다. 하지만 그만큼 몸이 부드럽게 돌아가지 않아 팔로만 치는 샷이 되기 쉽다. 몸 회전을 이용하지 않았으므로 뒤땅이 많아진다. 또한 볼의 방향을 보지 않으면 어프로치의 거리감이 머릿속에 입력되지 않는다. 이로 인한 손실이 무엇보다 가장 크다.

어프로치에서는 임팩트한 후 몸 회전과 함께 머리를 비구선 방향으로 돌리는 것이 자연스럽다. 그렇게 하면 볼의 높이와 거리를 확실히 지켜볼 수 있다.

'이 정도의 스윙 너비라면 볼이 이 정도 높이가 되고, 이 정도 날아서, 이만큼 굴러가는구나' ― 어프로치에서는 이런 이미지를 가능한 한 많이 머리에 입력해둘 필요가 있다. 이를 위해서는 볼이 가는 방향을 확실히 보지 않으면 안 된다.

실은 이것이 퍼팅에도 해당된다. 타이거 우즈를 비롯한 최고의 프로 골퍼들은 퍼팅의 임팩트 후 한참 동안 머리를 움직이지 않는다. 그러나 머리는 움직이지 않아도 눈은 확실하게 볼을 좇고 있다. 이렇게 볼의 회전을 직접 눈으로 확인하지 않으면, 머릿속에 그린 대로 볼을 쳤는지 확인할 수 없기 때문이다. 이것이 축적되지 않으면 아무리 구력이 쌓여도 퍼팅의 터치감과 거리감이 생기지 않는다.

어프로치에서도 프로 골퍼들은 임팩트 후 몸 회전과 더불어 머리를 들어서 피니시 형태를 유지한 채 볼의 행방을 지켜본다. 핀 가까이 붙였을 때는 그야말로 짜릿하다. 골프에서 모든 나이스 샷은 멋지게 보이는 법이다!

다만 임팩트 순간에 무릎을 펴거나 상반신을 일으켜서는 안 된다. 이는 보기에도 몹시 흉하다.

위의 그림과 같이 임팩트한 후에는 몸 회전과 함께 머리가 올라가는 것이 자연스러운 모습이다. 상반신을 일으키거나 머리를 고정해 손으로만 치는 것은 부자연스럽다.

어프로치는 '그린의 어디'를 노려야 하나?

머리가 좋은 골퍼 라인을 얕게 읽는다
머리가 나쁜 골퍼 퍼팅과 같은 라인을 상정한다

어프로치의 기본 중에 '오르막 라인이 남는 곳에 볼을 가져간다'는 것이 있다. 컵까지 계속 오르막이라면 컵 바로 앞에서 볼을 세운다. 컵의 오른쪽이 낮다면 낮은 쪽에 볼을 올린다. 이렇게 하면 다음 퍼팅 때 편한 오르막 라인이 남는 것이다.

물론 맞는 말이지만 이때 머리가 나쁜 골퍼들은 굉장한 착각을 하곤 한다.

예를 들어 다음 그림처럼 오른쪽으로 경사진 그린이 있고, 컵이 그 도중에 있다고 하자. 그린 에지에서 컵까지는 8야드. 만약 그린 에지 바로 안쪽에 볼이 있어서 퍼터를 사용한다면 컵의 1m 왼쪽을 노려야

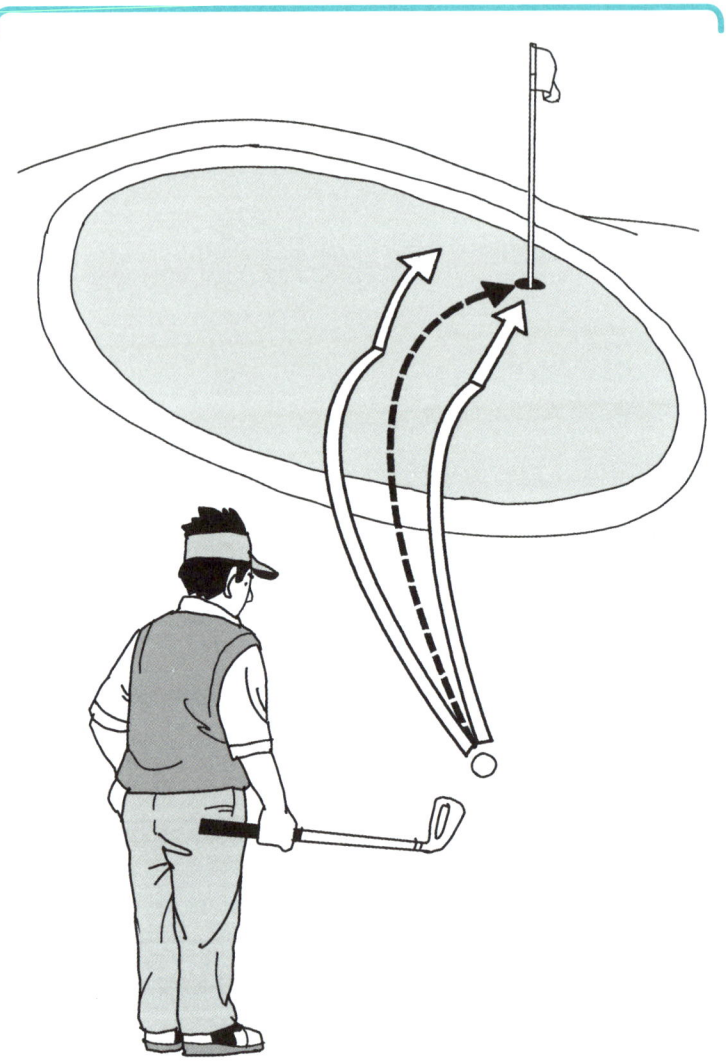

위 그림의 점선은 퍼터를 사용할 때의 라인. 어프로치 샷을 하는 경우라면 왼쪽 화살표와 같이 퍼터를 사용할 때와 같은 라인을 상정해 그 라인 위로 볼을 보내도 볼은 슬라이스 하지 않는다. 이런 경우는 오른쪽 화살표처럼 라인을 얕게 읽는 것이 정답이다.

하는 슬라이스 라인이다.

지금 볼은 에지에서 2m 밖에 있다. 컵까지는 10야드이다.

사용하는 클럽은 샌드 웨지. 조금 스핀을 먹여서 캐리 7, 런 3의 요량으로 어프로치하려는 경우, 과연 당신은 볼 낙하지점을 어디로 설정할 것인가.

여기서 많은 골퍼는 퍼팅과 같은 라인을 상정하고, 그 라인 위에 볼의 낙하지점을 설정해버린다. 이런 경우라면 컵의 왼쪽 1m 방향을 노려서, 7야드 캐리를 하려고 하는 것이다. 결과는 생각보다 볼이 슬라이스 하지 않아서 컵의 왼쪽, 즉 내리막 라인이 남는 지점에 멈춰버린다.

이는 골퍼가 '캐리 7 : 라인 3의 어프로치 샷'에서 캐리 7야드분이 그린 경사의 영향을 전혀 받지 않는다는 사실을 잊고 있기 때문이다. 컵의 왼쪽 3야드를 남겨놓고 떨어진 볼은 스핀이 먹기 때문에 퍼트처럼 슬라이스 하지 않는다.

그러므로 어프로치에서는 볼이 공중에 떠 있는 시간이 길면 길수록 퍼팅할 때보다 라인을 얕게 읽는 것이 기본이다.

핀 왼쪽 30cm 정도의 방향을 노리면, 간혹 약간의 행운이 따르는 경우 컵 인도 생각할 수 있다. 실패한다 하더라도 오르막 라인이 남을 것이다.

'원 쿠션 넣는' 어프로치 기술

머리가 좋은 골퍼 볼 착지점의 강도를 확인한다
머리가 나쁜 골퍼 아무 생각 없이 친다

볼이 포대 그린 앞쪽의 5야드 부근 낮은 곳에 있고, 1.5m 정도 높은 곳에 그린이 있다고 치자. 이때 그린은 내리막 경사이고, 컵은 에지에서 7~8야드 떨어진 곳에 있다.

이런 상황에서 볼을 직접 그린에 떨어뜨리면 계속 굴러서 컵을 크게 오버하게 된다. 이때 프로들이 선택하는 기술은 그린 앞 경사에 원 쿠션을 넣는 어프로치다. 원 쿠션으로 볼의 힘을 죽이는 것이다.

언뜻 보기에는 어려울 듯한 테크닉이지만 어프로치 샷 볼의 높이를 컨트롤할 수 있으면 그렇게 어렵지만은 않다. 아니, 러닝 어프로치의 일종이라고 생각하면 오히려 애버리지 골퍼를 위한 테크닉이라고 할 수 있고, 사실 많은 골퍼들이 평소 하는 샷이기도 하다.

이런 경우 샌드 웨지라면 볼이 너무 높이 올라가버리므로 피칭 웨지나 9~8번 아이언 등을 사용하는 경우가 많은데, 이때 잊어서는 안 되는 점은 원 쿠션 하는 지면의 강도와 경사를 확인해두어야 한다는 것이다.

즉 실제 볼의 첫 바운드 지점에 가서, '발바닥 감각'을 통해 지면 강도와 경사를 확인한다.

비 온 직후 등 지면이 부드러우면 볼이 생각만큼 튀지 않아서 쇼트가 나고, 단단하게 굳어 있다면 예상 밖으로 바운드해서 컵을 오버하기 쉽다. 또 미묘한 경사가 있다면 생각지도 못한 방향으로 볼이 튈 수도 있다.

볼을 떨어뜨리는 지면의 강도를 체크하는 것은 원 쿠션을 넣을 때뿐만 아니라 러닝 어프로치에서 볼의 낙하지점이 그린 밖이 될 것 같은 경우에도 하는 것이 좋다.

어프로치를 1m 내로 좁히느냐, 2m가 되느냐에 따라서 다음 퍼팅의 난이도가 크게 달라진다. 목표한 위치에 볼을 보내기 위해서는 이 같은 정보 수집을 게을리해서는 안 된다.

어려운 라이에서 어프로치할 때 비법

머리가 좋은 골퍼 일부러 '클럽의 날'이나 '끝부분'으로 친다
머리가 나쁜 골퍼 깔끔한 샷을 치려고 하다가 실패

이번에는 머리가 좋은 골퍼들이 어프로치 샷을 할 때의 숨은 비법을 소개한다.

숨은 비법이므로 평소의 샷으로는 실패 확률이 높은, 까다로운 라이에서 시도해보자. 골프는 일부러 어려운 샷을 할 필요가 없는 게임이지만, 상황에 따라서는 피할 수 없는 때가 있다.

우선 볼이 칼라[10]와 러프의 경계에 있는 경우다. 그린에 올라간 것처럼 보이던 볼이 스핀이 부족하다든지 힘이 너무 들어가 그린 안쪽

---

[10] 칼라: 그린과 러프의 경계에 만든, 조금 올라오게 잔디를 다듬은 부분.

의 칼라와 러프의 경계선에 멈추는 경우가 종종 있다.

　이런 때는 볼 뒤쪽, 클럽이 들어가는 곳에 볼의 반 정도 되는 높이로 잔디가 밀집해서 나 있다. 요컨대 볼 뒤쪽만 러프에 절반가량 묻힌 상태이다.

　평소의 피치 샷으로 칠 수도 있지만, 헤드가 잔디에 걸려서 실패로 이어지는 경우가 많다. 퍼터로 볼 윗부분을 치는 방법도 있지만 잔디 위로 퍼터 솔을 이동하는 것이 그리 용이하지 않다.

　이런 경우에 프로나 상급자가 흔히 시도하는 것이 샌드 웨지의 날(리딩 에지)로 치는 방법이다. 볼을 오른발에 가까이 두고, 샌드 웨지의 리딩 에지를 볼의 중심에 맞힌다. 자세는 핸드 퍼스트, 체중은 왼발 위. 그다음은 퍼팅의 스트로크와 동일하게. 클럽의 솔을 잔디 윗부분에 미끄러뜨리는 느낌으로, 수평으로(볼의 라이와 평행한 궤도로) 볼의 중심을 친다. 절대로 깊숙이 쳐서는 안 된다. 거리감은 퍼터를 사용할 때와 동일하게 잡는다.

　또 다른 비법은 잔디가 낮은 라이에서의 어프로치다. 잔디가 시드는 겨울부터 봄까지 거의 모든 어프로치가 이러한 라이가 될 것이고, 여름이라면 사람들이 다니는 길이나 베어 그라운드가 비슷한 상태인데, 이런 라이는 프로들도 실수하기 쉽다. 볼 아래에 클럽이 들어갈 틈이 거의 없기 때문에 조금이라도 클럽의 위치를 실수하면 뒤땅이고, 너무 경계하다 보면 토핑이 난다.

　이럴 때는 클럽을 깔끔하게 넣으려는 생각은 잠시 접고, 페이스의

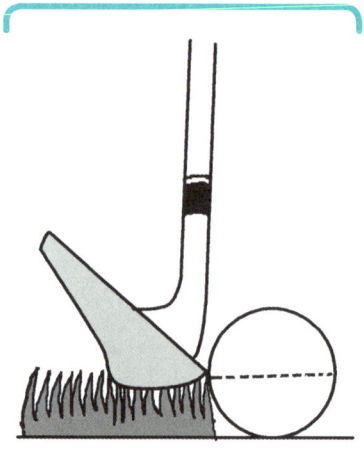

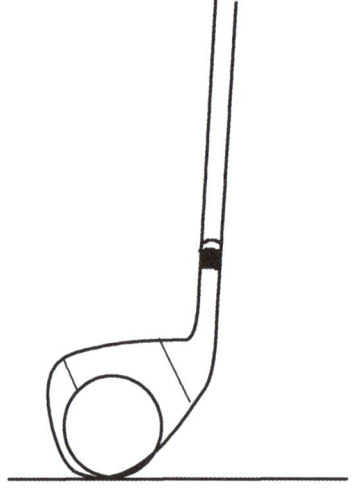

위 그림은 샌드 웨지의 날로 볼의 중심을 치는 방법. 거리감은 퍼터를 사용할 때와 동일하다. 아래 그림은 페이스의 토로 치는 방법. 거리는 생각보다 나지 않는다.

토(끝부분)로 볼을 치는 편이 좋다. 볼은 오른발보다 오른쪽에 두는 정도가 좋다. 포인트는 페이스의 힐(뿌리 부분) 부분을 띄우는 것. 평소의 어프로치라면 클럽의 솔을 잔디에 미끄러뜨리듯 샷을 하겠지만, 잔디가 없으므로 솔은 오히려 방해가 된다. 그러므로 힐을 띄워서 솔이 지면에 닿지 않도록 셋업 하고, 토로 볼을 쳐야 하는 것이다. 중심에 맞는 샷이 아니므로 거리는 생각보다 나오지 않는다(그래서 좋은 라이일 때도 내리막의 어프로치에서 사용하기도 한다). 이렇게 좋지 않은 라이에서 실행하는 어프로치 중에서는 큰 실수를 하지 않는 방법이라 할 수 있다.

두 비법 모두 어느 정도 연

습이 필요하지만, 일단 해보면 생각보다 어렵지 않다는 것을 알 수 있다. 실내에서도 연습이 가능하니 꼭 시도해보시길.

퍼팅 이전의 '퍼터 상식'

머리가 좋은 골퍼 그린에 올라가기 전에 대략의 경사를 확인한다
머리가 나쁜 골퍼 그린에 올라간 후에 그제야 경사를 확인한다

최근 슬로 플레이로 컴플레인이 제기되는 코스가 늘고 있다.

카트 도입으로 셀프 플레이가 증가하고, 셀프 플레이 시 클럽 교환 등 골퍼들의 움직임이 바지런하지 못한 점 등의 이유가 있겠으나, 또 한 가지 '그린에서 너무 시간을 끈다'는 것도 무시할 수 없다. 내기가 걸려 있어서 상대방이 OK를 잘 안 주기 때문인지, 아니면 토너먼트에서 우승을 다투는 프로 흉내를 내는 건지……. 슬로 플레이어는 자신의 플레이가 늦다는 것을 자각하지 못하기 때문에 문제가 한층 심각하다.

분명히 말해두지만, 슬로 플레이어는 골퍼들 대부분이 싫어한다.

그뿐만이 아니라 골프 실력도 늘지 않는다.

예를 들어 슬로 플레이어는 그린에 올라선 뒤 캐디에게 '오르막? 내리막?' 하고 질문을 한다. 미묘한 경사라면 어쩔 수 없겠지만, 확인 가능한 확실한 경사에도 이렇게 묻는 것이다.

이는 그린에 올라가기 전에 전혀 경사를 확인하지 않았기 때문이다. 일단 그린에 올라가면 경사에 대한 감이 전혀 잡히지 않는다. 만약 캐디가 없다면 이런 유형의 골퍼는 3퍼트 이상을 할 것이다. 즉 아무리 플레이를 해도 실력은 늘지 않고, 슬로 플레이도 개선되지 않는다.

이런 상황을 통찰하고 있는 머리가 좋은 골퍼는 볼이 그린 위에 올라가면 페어웨이를 걸으면서 그린의 가장 높은 곳과 낮은 곳을 찾고, 자신의 볼이 컵을 향해 어떤 라인에 있는지 대략 가늠한다. 그러므로 라인을 읽는 것도 빠르고 실수도 적다. 결과적으로 깔끔하고 신속하게 퍼팅을 마치고 다음 홀로 향한다.

골프라는 게임은 자신이 실제로 플레이하는 시간은 10%도 되지 않는다. 걷거나, 다른 사람의 플레이를 보는 시간이 압도적으로 길다. 골퍼가 머리가 좋은지 나쁜지는 이 시간을 어떻게 운용하는지에 따라 결정된다. 그린 위에 올라가기 전에 경사를 확인하는 것은 영리한 시간 활용 테크닉의 하나인 셈이다.

퍼팅의 거리감과 라인의 오해

머리가 좋은 골퍼 라인보다 우선 거리감을 중요시한다
머리가 나쁜 골퍼 라인에 신경 쓰느라 히트하는 것을 잊는다

퍼팅 실력의 유무는 퍼트에서 실수했을 때 첫마디로 알 수 있다.

예를 들어 왼쪽으로 기운 5m의 훅 라인. 이 퍼팅이 도중까지 라인을 따라가다가 컵 직전에 왼쪽으로 휘었다고 치자. 이때 퍼팅을 잘하는 사람은 '아, 좀 약했네'라고 한다. 하지만 서툰 사람은 '아, 좀 더 오른쪽을 노릴 걸 그랬네'라고 한다.

그렇다면 왜 후자는 실력이 떨어지는 것일까? 그것은 골퍼가 '조금 더 오른쪽을 노린다'고 하더라도 결국 볼이 컵 앞에서 왼쪽으로 휘기 때문이다. 도중까지 라인을 따라갔다는 것은 라인을 잘 읽었다는 얘기다. 그럼에도 불구하고 컵 직전에 왼쪽으로 꺾인 것은 볼에 힘이 없

기 때문이다. 즉 확실하게 히트하지 못한 것인데, 퍼팅 실력이 떨어지는 사람은 이것을 라인을 잘못 읽었다고 착각하는 것이다.

컵 인 하기 위한 거리를 확실히 쳤는지 못 쳤는지조차 모르는 사람이라면 과연 퍼팅 실력이 향상될 수 있을까?

라운드 전 연습 그린의 설명에서도 언급했지만, 퍼팅은 거리감이 생명이다. 이 거리감은 터치로 낸다. 어느 정도의 터치로 퍼팅하는지는 볼이 컵 인 하기까지의 '스피드'를 그려보면 된다.

내리막 라인이라면 또르르 굴러가서 컵 인 하는 이미지일 것이고, 오르막이라면 확실하게 쳐서 컵 너머 벽에 부딪힌 후 들어가는 이미지다.

볼이 굴러가다가 컵으로 들어가는 장면을 머릿속으로 그리다 보면 자연히 속도가 예상된다.

이렇게 볼이 굴러가는 스피드와 스피드를 내기 위한 터치가 머릿속에 그려졌을 때 비로소 라인을 본다. 애당초 터치가 정해지지 않으면 라인도 읽을 수 없을 터. 왜냐하면 내리막 퍼팅에서 또르르 굴러가서 들어가는 이미지라면 볼에 힘이 없으니 경사의 영향을 강하게 받는다. 즉 '약간 훅'이라고 읽은 것이 '크게 훅'이 되는 것이다. 반대로 오르막 퍼팅을 확실하게 넣겠다고 생각하면 '살짝 슬라이스'로 보였어도 생각보다 경사의 영향을 받지 않으므로 '똑바로'가 되기도 한다.

혹시 라인에 너무 신경 쓰느라 거리감을 잡지 못하는(혹은 거리감 잡는 것을 잊어버린) 골퍼라면 프로의 시합을 너무 많이 본 것은 아닌

강하고 약하고가 아니라, 어느 정도 스피드로 굴릴 것인지 머릿속으로 생생하게 그린다.

지…….

프로가 시합을 치르는 코스는 고속 그린에, 심지어 라인을 읽기 힘든 곳에 컵을 만든 경우가 많다. 그리고 TV 중계에서는 '볼이 휘는 정도'만 화려하게 보일 뿐, 프로의 터치는 시청자에게 전달되지 않는다. 이것에 빠져 본인도 플레이할 때 라인에만 신경을 쓰는 것이다.

그러나 우리가 플레이하는 코스가 프로가 시합하는 고속 그린인 경우는 거의 없다. 이 점을 명심하자!

퍼팅 거리감이 맞지 않을 때는

머리가 좋은 골퍼 실제 컵의 앞뒤에 '가상의 컵'을 설정한다
머리가 나쁜 골퍼 무조건 임팩트의 강도로 조절한다

안타깝게도 도무지 거리감이 맞지 않는 그린이 있다. 익숙하게 플레이하는 홈 코스보다 극단적으로 빠르거나 혹은 느린 경우다. 일반적인 샷은 볼이 공중으로 날아가므로 거리를 결정하는 것은 바람을 제외하면 기압과 습도 정도에 불과하지만, 잔디 위에서 볼을 굴리는 퍼팅은 잔디의 높이와 그린의 강도에 따라 확연하게 차이가 난다.

아무리 해도 쇼트가 나는 느린 그린이라면 스윙의 너비를 크게 하거나 강하게 히트하면 되고, 상당히 빠른 그린이라면 너비를 작게 하고 소프트하게 히트하면 된다 — 이런 내용은 누구나 알고 있는 상식이다. 하지만 그게 뜻대로 잘 안 되는 것이 바로 골프라는 게임이다.

생각하기에 따라서는 이것은 나름대로 분명한 거리감을 확립했다는 얘기이므로 그런 의미에서는 기뻐해도 될 것이다. 하지만 골퍼라면 빠른 그린에서도 속도에 자신의 거리감을 맞출 수 있어야 하는 법. 이것이 어렵다는 게 문제다.

이유의 하나로 자신의 거리감을 일단 백지로 만드는 것이 두렵다. 예를 들어 평소라면 5m를 '5'의 터치로 치던 사람의 경우, 고속 그린에서는 '4'의 터치로 쳐야 한다.

이런 경우 '5m = 5'라는 경험치를 일단 버리고, '5m = 4'라는 새로운 법칙으로 플레이해야 하는데, 그러다가 이제까지 축적해온 '5m = 5'의 세계로 돌아가지 못하는 것은 아닐까 하는 불안감이 생긴다. 그리고 '5'를 '4'로 바꾸면 된다고 말하는 것은 쉽지만 '평소 터치의 20% 감소'라는 것이 그리 간단치가 않다.

'4'로 해야 하나 '5'로 해야 하나, 고민하는 사이 라운드가 종료. 결국 이날은 3퍼트가 산처럼 쌓이고, 퍼팅 수가 40을 넘었다.

이런 상황에서 좋은 대처법을 하나 소개한다. 터치를 바꾸지 않아도 된다. 대신 실제 컵 앞뒤로 '가상의 컵'이 있다고 상상한다. 평소보다 느린 그린이라면 컵 뒤쪽에, 빠른 그린이라면 컵 앞에 가상의 컵을 상정한 후, 거기에 실제로 컵이 있다고 생각하고 치는 것이다.

이렇게 하면 예컨대 느린 그린에서 5m의 퍼팅이 자신의 거리감으로 6m의 퍼팅이 된다. '5m = 5'의 터치로 해온 사람이라면 '6m라면 5.5 정도겠지?'라고 재빨리 계산해 바로 느린 그린의 스피드에 맞게 조절할 수 있다.

  가상의 컵을 설정하지 않고 단지 스윙 너비와 터치만으로 거리감을 조절하려고 하면 펀치 히트로 크게 오버하거나, 겁이 나서 쇼트를 하면서 급기야 본래의 거리감까지 엉망이 될 수 있다.

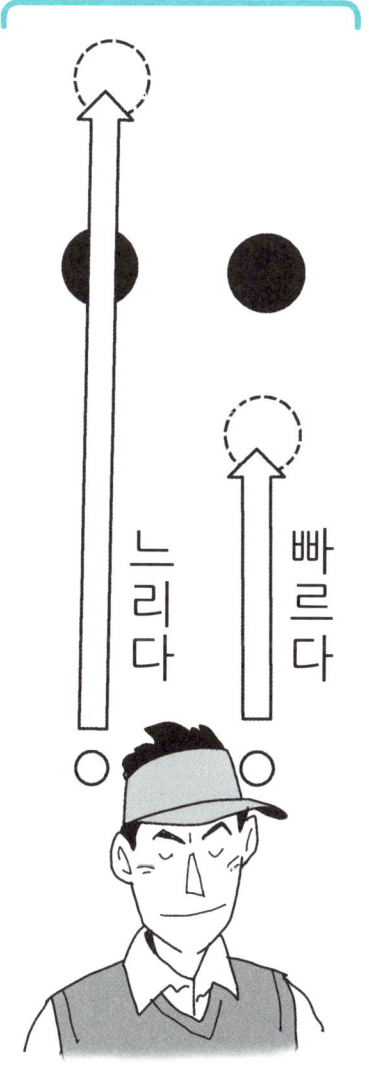

그린이 빠른 경우는 실제의 컵보다 앞에, 느린 경우는 뒤쪽에 가상의 컵을 설정한다

'라인 읽기'의 의외의 맹점

머리가 좋은 골퍼 라인이 휘는 볼의 입구는 정면이 아니라고 생각한다

머리가 나쁜 골퍼 라인이 휘는 볼의 입구도 컵의 정면이라고 생각한다

 당연한 일임에도 불구하고 의외로 모르는 골퍼가 많은 것이 '퍼팅에서 볼이 들어가는 입구가 컵의 정면은 아니다'라는 사실이다.

 예를 들어 슬라이스 라인. 이런 경우는 컵의 왼쪽이 높다는 얘기이므로 볼의 입구는 정면보다 약간 왼쪽이다. 그곳이 컵 인 할 때 '정면 현관'이 된다. 본래의 정면 현관으로 들어가는 것은 아니지만, 슬라이스 라인의 경우 정면에서 컵 인 했다면 그것은 '컵의 오른쪽으로 억지로 들어간 것'이 된다. 즉 정면을 노려서는 컵 입구의 반밖에 사용하지 못하는 셈이다.

 안니카 소렌스탐이 이 사실을 깨달은 것은 LPGA 참가 자격을 따

고도 6년이나 지나서였다고 한다. 그 무렵 그녀는 이미 US 여자 오픈에서 우승하는 등 차근차근 일인자의 길을 걸었는데, 그해는 퍼팅이 부진이었다. US 여자 오픈 예선에서 탈락하는 등 성적도 떨어졌다.

그런 그녀에게 "볼은 컵 정면에서 들어가는 것이 아니라, 높은 곳에서 들어간다"고 조언을 해준 프로가 있었다. 데이브 스톡턴. PGA 투어 챔피언십을 두 번 제패한 명인이다.

안니카는 이 조언으로 그야말로 눈이 번쩍 뜨였다. '휘는 정도를 계산해 컵의 높은 곳을 노리면 컵이 조금 더 크게 느껴진다'는 사실을 깨달은 것이다.

더불어서 스톡턴은 "그린이 낮은 사이드에 서보면 경사가 잘 보인다", "어떤 퍼팅이든 스피드는 컵을 40cm 오버할 정도로"라는 말도 해주었다고 한다.

정리하자면 아무리 휘는 라인을 읽었다고 하더라도 최종적인 골이 컵의 정면이라면, 그 라인은 '컵의 한가운데로 들어가는 라인'이 아니다. 의식적으로 '컵의 끝에서 넣는 라인'이 되는 것이다.

컵 인 했을 때의 '정면 현관'이 어딘지 이해하면 이제까지 '컵 끝에서 볼을 넣던 사람'은 자연스럽게 라인을 읽는 눈이 달라질 것이다. 그리고 이제까지 컵의 둘레를 돌면서 들어가던 볼이 한가운데로 들어가게 된다.

'롱 퍼팅'과 '쇼트 퍼팅'의 역설

머리가 좋은 골퍼 롱 퍼팅은 느슨하게 잡고, 쇼트 퍼팅은 꽉 잡는다
머리가 나쁜 골퍼 롱 퍼팅은 꽉 잡고, 쇼트 퍼팅은 느슨하게 잡는다

 골프는 그야말로 심술궂은 스포츠라 할 수 있다. 오른쪽으로 치고 싶지 않아서 왼쪽을 보면 몸이 열려서 오히려 오른쪽으로 간다든지, 혼신의 힘을 다해 클럽을 휘두르면 오히려 스피드가 떨어진다든지…….

 이러한 '역설'은 골프가 심술궂은 스포츠라서가 아니라 확실한 원인이 있는 탓이지만, 초보 단계에선 시도하는 것마다 반대의 결과가 나오는 경우가 많다.

 퍼팅에도 이런 역설이 있다.

 '롱 퍼팅은 긴 거리를 치는 것이므로 퍼터를 꽉 잡는 게 좋다. 반대

로 쇼트 퍼팅은 짧은 거리이므로 꼭 잡을 필요는 없다'— 이런 식으로 생각하는 골퍼가 적지 않다.

하지만 실제는 그 반대이다.

롱 퍼팅에서 가장 중요한 포인트는 거리감으로, 목표하는 거리를 낼 수 있느냐 아니냐가 열쇠이다. 문제는 '확실하게' 쳐야 한다는 것인데, 이를 위해서는 그립을 느슨하게 잡고 헤드의 무게를 이용하는 것이 바람직하다. 그립을 꽉 잡고 스윙 너비를 크게 해서 긴 거리를 치려고 하면 스트로크가 무너져버리기 쉽기 때문이다.

한편 쇼트 퍼팅은 퍼터의 페이스를 타깃에 스퀘어 상태로 유지한 채 스트로크를 해야 한다. 무서운 것은 '느슨함'에 대한 기준인데, 느슨해지지 않기 위해서는 그립을 꽉 잡고, 여기에 더해 손목의 각도를 고정해 양어깨로 스트로크를 하는 것이 최선의 방법이다. 그립을 꽉 잡으면 헤드의 움직임이 어려워지는데, 쇼트 퍼팅의 경우엔 오히려 도움이 된다.

사실 거리뿐 아니라 경사에 따라서도 그립의 강도에 변화를 주는 프로 골퍼도 있다.

즉 오르막 퍼트는 '확실하게' 쳐야 하므로 그립을 느슨하게 잡고 헤드의 무게를 살린다. 반대로 내리막 퍼트는 그립을 꽉 잡아서 헤드의 무게를 억제한다. 그 결과 터치가 자연스럽게 부드러워지면서 볼 회전을 컨트롤할 수 있다.

'행운의 미스 퍼팅'이 실은 가장 무섭다

머리가 좋은 골퍼 중심부를 정확히 맞혀 기분 좋게 스트로크한 것을 기쁨으로 삼는다

머리가 나쁜 골퍼 퍼팅은 '무조건 들어가면 그만'이라 생각한다

골프 세계에서 귀에 딱지가 앉을 정도로 듣는 '명언' 중에 '홀 아웃 하면 끝'이라는 말이 있다.

분명히 골프는 결과가 모든 것을 말한다. 스코어카드에 기입하는 것은 숫자뿐, 거기에는 '3번 홀은 드라이버로 250야드 쳐서 페어웨이에 안착했다'든지 '5번 홀에서는 파 온 했지만 3퍼트 했다'는 식의 상세한 내용은 없다. '아까운 5'도 '5'지만, 미스 샷의 연속으로 간신히 4온 해서 1퍼트로 버텨낸 '행운의 5'도 똑같이 '5'이다. 월례 모임이나 대회 성적, 핸디캡 산출, 골프의 내용이 아니라 스코어라는 숫자만으로 결정되는 것이다.

이것은 퍼팅도 마찬가지다.

라인을 잘못 읽은 데다 설상가상으로 스트로크에서 실수를 했음에도 미스와 미스가 상쇄되어 컵에 들어가는 경우가 있다. 반대로 볼이 중심에 맞은 완벽한 스트로크로, 예상한 라인대로 볼이 굴러갔어도 애초에 라인을 잘못 읽었다면 그 퍼트는 들어가지 않는다. 전자는 미스 퍼트 했는데도 버디, 후자는 나이스 퍼트지만 파라는 결과다.

자, 이럴 때 당신은 '홀 아웃 하면 끝'이라고 생각할 것인가.

사실 이 질문에 대한 답은 당신 자신이 미스 퍼트였는지 알고 있는가에 따라 달라진다.

미스 퍼팅이라는 사실을 알고 있다면 '운이 좋았다!'고 단순하게 기뻐하면 된다. 즉 '들어갔으니 그만'이라 생각해도 되는 것이다(단, 다음 홀부터 미스 퍼팅 하지 않도록 주의한다).

그러나 미스 퍼팅인지도 모른다면 '들어갔으니 그만'이라 기뻐할 일이 아니다. 점차 퍼팅이 난조에 빠지는 것은 말할 나위가 없고, 18홀을 마칠 땐 3퍼트가 가득하다. 동반자에게 '홀 아웃 했으면 그만이지'라는 놀림을 받게 될지도 모른다.

역으로 말하면 퍼팅에서 확실하게 볼의 중심을 때리고, 예상한 라인으로 부드럽게 스트로크를 했다면 그것만으로도 만족할 만하다는 얘기가 된다. 물론 이런 스트로크를 했음에도 들어가지 않는 날에는 묘하게 거듭 실패하는 것이 퍼팅이다. 이는 그 그린과 잘 맞지 않았기 때문이므로 '오늘은 나의 날이 아니다' 하고 마음을 비우면 된다.

그러나 일반적으로 좋은 스트로크를 하는 날엔 여간해서는 3퍼트를 하지 않을 것이다. 기다리는 자에게 복이 있나니 — 운이 따르지 않는 것을 속상해하지 말고 좋은 스트로크를 계속하다 보면 반드시 보답이 있을 것이다.

짧은 버디 퍼팅 성공하기

머리가 좋은 골퍼 강하게 친다
머리가 나쁜 골퍼 긴장이 풀리며 쇼트를 한다

앞서 파3 공략법(55페이지)에서 파3는 티 샷이 컵 근처에 멈추면 초보자도 버디를 할 수 있다고 언급한 바 있다.

그러나 현실에서 실제로는 그 버디 퍼트가 잘 들어가지 않는다. 1m도 안 되는 거리에서 쇼트가 나기도 한다. 오히려 10m가량 되는 버디 퍼트가 마음 편하게 쳐서 들어가는 확률이 높은 상황이 벌어지기도 한다.

짧은 버디 퍼트를 놓치는 이유는 90%가 심리적인 문제다. 초보자는 물론 애버리지 골퍼들에게도 라운드하는 동안 버디 찬스는 자주 찾아오지 않는다. 천재일우의 기회일수록 과감하게 도전해야 하지만 모처럼의 기회이다 보니 평정심을 잃는다.

이것은 '넣고 싶다'는 마음이 앞선다는 의미가 아니다. 마음속 어딘가에 '파도 괜찮지, 뭐……' 하는 소심한 생각이 자리 잡고 있어서, 이것이 '긴장 완화'의 결과가 되는 것이다.

스포츠 심리학에 '컴퍼트 존'이라는 개념이 있다. 직역하자면 '편안한 기분이 드는 공간'인데, 골프로 말하자면 핸디 20인 플레이어가 전반을 46, 후반을 46의 파플레이로 라운드를 마쳤을 때 그는 컴퍼트 존에 들어갔다고 할 수 있다. 그러므로 전반에 50을 치게 되면 그는 컴퍼트 존에 들어가기 위해 후반에 힘을 내서 42로 마치려 애를 쓴다.

재미있는 것은 전반을 42로 돌았을 때이다. 상식적인 경우라면 '좋았어, 오늘은 베스트 스코어를 내야지!' 하고 분발하는 상태가 될 테지만 이럴 때일수록 후반에 무너지는 사람이 많다.

이는 베스트 스코어 경신의 압박에 졌기 때문이 아니라 그가 무의식중에 컴퍼트 존에 안주하려고 했기 때문이라는 것이 이 이론의 재미있는 지적이다.

즉 그는 전반 42, 후반 42라는 스코어로 도는 것을 무의식중에 '불편하다'고 느낀다. '평소의 나 자신'을 유지하려 하는 것이다.

귀한 버디 찬스를 놓치는 것도 바로 '평소의 나 자신'이 되고 싶다는 무의식의 발로가 아닐까. 그렇다면 그 사람은 영원히 자신의 굴레와 한계에서 벗어나지 못한다.

버디 퍼트는 자신의 굴레를 깬다는 의미에서라도 강하게 히트하

자. 무의식중이라도 '파도 괜찮지'라고 생각하고 있다면 쇼트보다는 오버하는 편이 기분이 좋다. 쇼트를 하면 '역시'라는 마음이 되고, 자신의 멘털이 얼마나 약한지 재확인하게 될 것이기 때문이다.

chapter 5

• 기분 좋게 라운드하기 위한 •

멘털 케어

자멸하지 않는 현명한 골퍼의 마음가짐

샷 직전에 머리를 스치는 불안

머리가 좋은 골퍼 일단 결심하면 고민하지 말고, 생각하지 말고 스윙을 한다
머리가 나쁜 골퍼 머릿속의 고민이 복잡하게 얽힌 채 스윙을 한다

핀까지 115야드의 페어웨이. 당신은 지금 9번 아이언을 잡을지 피칭 웨지를 잡을지 고민하고 있다. 9번 아이언은 120야드, 피칭이라면 110야드가 당신의 거리이다. 이른바 '비트윈 클럽(중간 거리)'이다.

라이를 확인하고, 바람을 읽고, 각종 정보를 종합해 최종적으로 9번을 사용하기로 결심했다. 살짝 맞바람이 불고 있으니 9번 아이언이 좋을 것이라 판단한 것이다. 그리고 어드레스를 하고, 왜글[1]을 개시……. 그런데 문득 '역시 9번이면 조금 크지 않을까' 하는 생각이 순

---

[1] 왜글: 스윙 개시 전의 예비 동작. 이 움직임에 이어 스윙을 시작한다.

간적으로 머리를 스친다.

이것만으로도 미스 샷을 할 확률이 50% 이상 높아지고, 여기에 더해 '그럼 조금 가볍게' 하는 생각으로 어드레스를 취하는 도중에 애초의 방침을 변경하려 들면 예외 없이 실수를 범하는 것이 골프다. 왜냐하면 머릿속이 복잡하면 부드러운 스윙이 불가능하기 때문이다.

안니카 소렌스탐의 멘털 코치로 유명한 피아 닐손은《골프 '비전 54'의 철학》에서 이런 말을 했다.

볼 뒷부분 2~3m에서 비구선과 직각으로 만나는 선을 머릿속으로 그려 이를 '결단 라인'이라 명명한다. 그리고 이 선보다 볼에서 먼 쪽(볼의 후방으로, 에이밍하는 방향을 확인하는 장소)을 '사고思考 박스', 가까운 쪽(어드레스를 하는 장소)을 '실행 박스'라 부른다.

'사고 박스'에 서 있을 때는 샷에 관한 모든 사항을 생각한다. 바람, 볼의 라이, 피해야 하는 해저드, 샷에 대한 주의 사항 등을 종합해서 사용하는 클럽을 판단하고 구질을 구체적으로 그려본다.

그리하여 결론이 나오면 클럽을 손에 들고 '결단 라인'을 넘어 '실행 박스'에 들어간다. 그리고 이곳에서는 머릿속에 그린 대로 스윙하는 것에만 집중한다. 만약 '실행 박스' 안에 섰음에도 고민이나 불안이 생긴다면 다시 한번 '사고 박스'로 돌아와서 생각한다. 그리고 다시 '실행 박스'로 돌아가 자신 있게 스윙한다.

골프의 스윙은 고민이나 불안을 가진 상태에선 '단순히 맞히기만 하는' 스윙이 되기 쉽다. 또는 여러 가지 주의 사항 등의 '말'이 머리에 가득한 경우도 몸이 제대로 움직이지 않는다. 우리가 길을 걸을 때 그 누구도 '오른손을 앞으로 내밀 때는 왼발을 앞으로'라고 생각하지 않는다. 평소 '말'로 전환해 억지로 의식하면 오히려 오른손과 오른발이 동시에 앞으로 나가는 어정쩡한 걸음걸이가 되어버린다. 고민과 불안 혹은 '말'이 머릿속에서 들끓는 상태에서 하는 스윙은 이런 걸음걸이와 같다.

닐손은 이런 말도 덧붙였다.

"'실행 박스'는 부드러운 그립, 중심의 안정을 느끼는 장소이다. 흐름에 몸을 맡겨서 최상의 성과를 내기 위해서는 '실행 박스'에서 디지털식으로 생각해서는 안 된다."

어드레스에 들어가서 왜글을 계속 반복하면서 좀처럼 샷을 하지 않는 사람이 있다(과거 가르시아가 그랬다). 이는 '사고 박스'에서 결단을 내리지 않은 채 '실행 박스'로 넘어와버렸기 때문이다. 즉 고민을 가진 채 스윙을 하려는 것이므로 이는 미스 샷으로 이어지기 쉽다.

또 '실행 박스'에 들어가면 가능한 한 빨리 스윙을 개시하는 편이 좋다. 그곳에 오래 있으면 있을수록 온갖 생각이 피어올라 당신을 옭아매기 때문이다.

'사고 박스'에서는 여러 가지 판단을 하지만 '결단 라인'을 넘어 '실행 박스'에 들어가면 이것 저것 고민하지 않고 친다.

'미스 샷'을 했을 때는?

머리가 좋은 골퍼 실수는 어쩔 수 없는 것, 자책하지 않는다
머리가 나쁜 골퍼 화가 나서 스스로를 책망한다

라운드 중에 미스 샷을 할 때마다 '바보!', '어디로 친 거야!' 하고 소리를 지르는 골퍼를 적잖이 보곤 한다.

자기도 모르게 입 밖으로 나오는 것이야 어쩔 수 없다고 쳐도(물론 목소리가 너무 크면 매너가 없어 보이겠지만), 미스 샷이 너무 빈번한 날은 '바보!'라는 탄식이 점점 거칠어지고 만다. 그러고는 진심으로 자신을 '바보'에 '실력 없는 하수'로, '학습 능력이 떨어진다'고 한탄하면서 좌절한다.

그러다가 종국에는 폭발한다. 화를 내는 사람 중 일부는 더 이상 자신을 바보라 생각하기 싫은 탓인지 이번 라운드를 '연습' 혹은 '재미'

라는 식으로 포장하며 현실에서 도피하려고 애쓰는 타입도 있다.

반대로 나이스 샷을 할 때나 파를 할 때마다 자신을 칭찬하는 골퍼도 있다.

'오호, 이번 벙커 샷은 내가 생각해도 훌륭한걸'이라든지 '이번 홀은 드라이버가 조금 휘기는 했지만 어프로치는 좋았어. 뭐, 보기는 어쩔 수 없지' 등등. 개중에는 골프를 잘 모르는 초보 캐디에게까지 동의를 구하기도 한다.

둘 중 어느 골퍼의 스코어가 좋을지는 말할 필요도 없을 것이다.

골프는 멘털 게임이다 ― 귀에 딱지가 앉을 정도로 듣는 말이지만 실제로 여기엔 한 치의 거짓이 없다.

2001년 US 오픈 챔피언십의 72홀에서 1위를 달리던 레티프 구센이 50cm의 파 퍼트를 놓쳐버린 것이나, 1999년 브리티시 오픈의 72홀에서 1위였던 장 반 데 벨데가 더블 보기만 해도 우승할 수 있는 상황에서 볼을 크리크에 빠뜨리는 바람에 트리플 보기를 해버린 것 모두 멘털이 원인이라 할 수 있을 것이다.

바꾸어 말하자면 어떤 골퍼든 상황의 압박을 받거나, 스스로를 탓하기 시작하면 평상심을 잃고 플레이가 꼬이기 마련이다.

오래전 미스 샷이 나면 클럽을 내던져서 부러뜨리거나, 파 퍼트를 놓치고 퍼터를 꺾어버리는 유명한 골퍼가 있었다. 매너를 생각하면 결코 옳은 행동이 아니나, 본인에겐 일종의 주문 같은 것이었다. 그는 클럽에 화를 전가함으로써 분노를 해소하는 것이다. 실제로 그는 미스 샷이나 미스 퍼트를 해도 절대 이를 자신의 문제로 받아들이지 않고, '갑자기 바람이 불었다'든지 '갤러리가 괴성을 질렀다'는 식으로 모두 타인과 자연 탓으로 돌렸다고 한다.

사실 골프만큼 '자기 책임'이 큰 스포츠는 없다. 아마 그도 이를 잘 알고 있지만, 미스 샷이나 미스 퍼트를 일단 본인 탓으로 인정해버리면 플레이가 망가지기 때문에 그런 행동을 했을 것이다 — 매주 시합이 계속되고 상금으로 생계를 유지해야 하는 프로 골퍼로서는 자신을 책망해서 슬럼프에 빠지는 상황이 가장 두려운 일이 아닐까.

골프는 미스의 게임이라고도 한다. 일류 프로 골퍼라도 1라운드 중 만족할 만한 샷은 손에 꼽을 정도라고 한다. 우리가 보기에는 훌륭하게 그린 위로 올라간 나이스 샷도 본인으로서는 제대로 맞지 않았거나 계산한 것보다 조금 더 많이 휘어서 최상의 샷이라 할 수 없는 경우가 많다.

그렇게 미스 샷을 했을 때 일일이 본인에게 화를 내다 보면 라운드 내내 계속 자책해야 한다. 그런 분위기에서는 제대로 된 골프를 할 수 없을 것이다.

그러므로 머리가 좋은 골퍼는 실수를 해도 '뭐, 어쩔 수 없지', '그래, 결과가 좋으면 됐어', '골프에 실수는 당연한 거지, 뭐'라고 흘려버린다. 실수를 다른 사람 탓으로 돌리는 것도 자신을 책망하지 않는다는 의미에서 같은 차원의 이야기이다.

애버리지 골퍼라면 토핑과 뒤땅 등 누가 봐도 한눈에 알 수 있는 큰

실수를 홀마다 몇 번씩 할 것이다. 그러나 실수 좀 하면 또 어떤가. 그렇기 때문에 핸디를 많이 받는 것이다.

우리가 화를 낼 수 있는 것은 아마도 10년 후쯤이나 될 것이다 — 스스로 경계하는 의미로 이렇게 말해주고 싶다.

기분 전환이 잘되어 긍정적인 골퍼, 자신을 책망하다 무너지는 골퍼. 자, 당신은 어느 쪽?

드라이버 샷이 숲으로 들어갔다!

머리가 좋은 골퍼 최악의 상황을 상정하면서 그곳을 향한다
머리가 나쁜 골퍼 끝까지 '행운!'을 기대한다

기분 좋게 드라이버를 휘둘렀건만, 볼이 오른쪽 숲 쪽으로……. 티잉 그라운드에서는 볼이 확실하게 숲으로 들어갔는지, 그 앞에 멈췄는지 판단이 서지 않는다.

이럴 때 당신의 머릿속에 떠오르는 생각은?

① 그린을 노릴 수 있는 곳에 있어줘.

② 숲에 들어갔다면 마음을 비우고 꺼내는 것에 만족해야지.

볼이 휘는 바람에 트러블이 생기면 누구나 행운을 빌면서 볼이 있는 지점으로 향한다. 그렇다면 ① '그린을 노릴 수 있는 곳에 있어줘'라고 생각하는 것이 당연할 것이다.

하지만 한편으로 머리가 좋은 골퍼라면 ②'숲에 들어갔다면 마음을 비우고 꺼내는 것에 만족해야지' 하는 각오까지 하고 있을 것이다. 아니, 심하게는 숲속 정도가 아니라 나무뿌리에 박혀서 '꺼내는 것조차 어려운' 최악의 사태도 상상할 수 있다.

이유는 지극히 단순하다. 최악의 상황을 염두에 두면 현실이 그대로 되었다 하더라도 충격이 덜하다. 충격이 적으면 현실에서 벌어진 최악의 사태에 냉정하게 대처할 수 있다.

반면에 최악의 상황을 전혀 고려하지 않은 채 '아냐, 그 볼의 상태로는 숲 안쪽까지 가지 않았을 거야'라고 마지막까지 일말의 희망을 버리지 않는다면 어떨까?

이런 골퍼는 볼이 나무뿌리에 있는 것을 발견하는 순간 '아아, 난 왜 이렇게 운이 없지!' 하고 불운을 한탄한다. 그리고 기분을 전환시키지 못한 채 다음 샷을 쳐서, 점점 더 늪에 빠지는 것이다.

거듭 말하지만 골프는 미스의 게임이다. 잘못을 하면 그에 상응하는 대가를 치러야 하는 것이 세상 이치이듯, 골프도 물에 빠지거나 볼을 유실하면 1벌타를 받아야 한다.

볼이 숲 방향으로 향했다면 그 시점에서 실수의 대가로 1벌타를 받는 셈 치자. 즉 이런 경우라면 '꺼내기만 하면 된다'고 각오하는 것이다. 마지막까지 일말의 희망을 버리지 못하고, 심지어 치러야 할 1벌타도 아까워하는 것은 너무나도 자기중심적인 생각이다.

물론 최악의 사태를 각오하고 있어도 실제로는 '행운'이 뒤따를 수도 있다. 이때는 '1타 벌었네!', '운이 좋아!' 하고 긍정적으로 즐기면 된다.

드물게는 '이제 운을 다 쓴 것이 아닐까?' 하고 모처럼의 행운을 만끽하지 못하는 비관론자도 있지만 이는 과한 걱정이다. 운이 따랐다고 판단되면 솔직하게 기쁨을 즐기자. 골프를 하다 보면 '하루 종일 운이 좋은 라운드'도 꽤 만나게 된다.

행운을 바라다가 점점 더 늪에 빠지는 사람, 무리하지 않고 다음 샷을 생각하는 사람. 당신은 어느 쪽?

플레이 전체의 '리듬'을 만드는 법

머리가 좋은 골퍼 언제나 선두에서 씩씩하게 걷는다
머리가 나쁜 골퍼 어슬렁어슬렁 걸으며 팀 전체의 리듬을 깨뜨린다

흔히 골프에서 가장 중요한 것이 '리듬'이라고 한다.

이 '리듬'에는 '스윙 리듬'과 '플레이 전체 리듬'이라는 두 가지 의미가 있다.

스윙 리듬의 경우, 드라이버든 샌드 웨지든 자신만의 리듬으로 항상 같은 스윙을 유지하는 것이 중요하다는 것이야 굳이 말할 필요도 없다.

리듬이 빨라지면(그 대부분은 톱에서 속도가 빨라지는 것) 거의 예외 없이 미스 샷이 난다. 긴장하거나 트러블 샷과 같이 결과가 신경 쓰이는 상황에서는 프로 골퍼도 스윙 리듬이 빨라질 때가 있다. 위험에 빠졌

을 때야말로 '평소 리듬대로!' 하고 스스로를 다독여야 한다.

'플레이 전체 리듬'의 경우는 의외로 골퍼 본인이 잘 의식하지 못할 수도 있다. 그러나 누구든 '저 사람과 라운드하면 왠지 스코어가 좋아'라는 상대가 있는데, 이것이 바로 '플레이 전체 리듬'이 좋다는 의미이다.

여기에는 반드시 상급자만 해당되는 것이 아니다. 대부분 이런 골퍼는 플레이가 활발하게 빠르고, 걸음에 힘이 있고, 불필요한 움직임이 없으며, 미스 샷을 해도 투덜대지 않는 특징이 있다. 이런 사람과 라운드를 하면 의식하지 않아도 팀 전체의 플레이 리듬이 좋아진다.

반대로 슬로 플레이어와 함께 라운드를 하거나, 코스가 밀리면 리듬이 깨지는 경험을 아마 대부분이 겪어봤을 것이다.

이렇게 보면 '플레이 전체 리듬'이라는 것은 동반 경기자에 따라 결정되는 부분이 큰 듯하다. 그러나 아무리 슬로 플레이어와 함께 라운드를 하더라도 '플레이 전체 리듬'을 어느 정도 자신이 리드해 만들어 갈 수 있다.

일례로 라운드 중에 항상 앞장서서 걸으려고 해보자. 당신이 선두에서 빨리 걸으면, 뒤따르는 플레이어들도 자연스럽게 걸음이 빨라지면서 팀 전체의 리듬이 좋아질 것이다.

선두에서 걷는 것은 또 다른 장점이 있다. 항상 시간적인 여유가 생긴다. 선두로 걷다 보면 누구보다 빨리 그린 위에 오르기 때문에 라인을 읽을 여유가 있다.

제2타 지점을 향해 걸어갈 때도 옆 홀의 레이아웃이나 핀의 위치를 체크해둘 수도 있다.

한편 상급자 중에는 동반 경기자가 누구든 자신의 리듬을 고수하는 사람이 많다. 좋게 말하자면 자기중심적이고, 나쁘게 말하면 독불장군 타입이다. 설상가상으로 그가 슬로 플레이어라면 모두 싫어할 것이다. 다만 당신이 주변 사람에게 지나치게 신경 쓰느라 플레이를 망치는 타입이라면 살짝 벤치마킹을 해도 좋겠다.

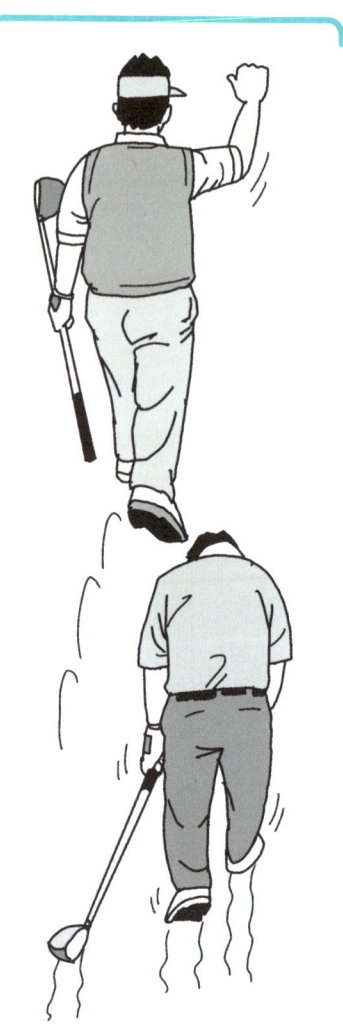

분명하고 활발하게 주도하면서, 자신의 리듬을 지키는 사람은 플레이를 유연하게 운영하며 다음을 읽는 여유도 갖는다. 질질 끄는 플레이는 백해무익.

'실력이 뛰어난 동반 경기자'의 어디에 주목할까?

머리가 좋은 골퍼 상급자의 리듬을 따라 한다
머리가 나쁜 골퍼 상급자의 스윙을 따라 한다

상급자와 함께 라운드를 할 때 좋은 스코어가 나오는 골퍼와 그렇지 않은 골퍼가 있다. 물론 이는 상급자의 성격이나 플레이 양상에 따라서도 달라지겠지만, 여기서는 플레이도 매너도 애버리지 골퍼의 모범이 될 만한 상급자라고 가정하고 이야기를 진행해보자.

애버리지 골퍼는 상급자의 비거리에 탄복하고 어프로치 기술에 혀를 내두른다. 미스 샷이 나오면 '역시 저 사람도 실수는 하는구나' 하고 살짝 안심을 하지만 뒤처리가 차분한 것을 보고 더 감동을 받는다.

전성기에 한창 압도적 실력을 발휘했던 타이거 우즈가 플레이를 하면 함께 돌던 같은 프로도 '갤러리가 된다'. 즉 자기도 모르게 상대의 플레이에 빠져드는 것이다. 아마추어도 핸디가 10 이상 차이 나면 (특히 상급자가 핸디 5 이하라면), 애버리지 골퍼가 상급자를 구름 위의 존재처럼 생각하는 것도 당연하다.

이 지점에서는 상급자와 라운드할 때 스코어가 잘 나오는 애버리지 골퍼나 그렇지 않은 골퍼나 크게 다르지 않다. 그럼 어디에서 차이가 드러날까?

머리가 나쁜 골퍼는 상급자에게 비거리만은 지지 않으려고 있는 힘을 다 쏟거나, 걸리적거리지 않으려고 과하게 서두르는 바람에 스윙까지 빨라져서 미스 샷을 연발한다. '좋은 모습을 보여야지'나 '방해가 되지 않도록 해야지' 하는 각오를 다진다는 것은 평상시 마음가짐과 크게 동떨어져 있음을 뜻한다. '방해가 되지 않도록 해야지'라고 생각하는 것은 결코 나쁘지 않지만, 이것이 너무 지나치면 평소의 리듬으로 플레이가 풀리지 않아 스코어가 무너지는 것이다.

한편 머리가 좋은 골퍼는 상급자를 견제하거나 지나치게 의식하지 않으면서 다만 그의 리듬을 따라 하려고 한다. 걷는 템포, 어드레스에 들어가기까지의 호흡, 스윙 템포, 퍼팅 스트로크의 리듬 등. 상급자의 스윙을 갑자기 따라 하는 것은 어렵지만 리듬이라면 가능하다. 상급자와 함께 걷는 것만으로도 쉽게 흉내 낼 수 있다.

미야자토 아이 선수는 2005년 미즈노 클래식에서 처음으로 안니카 소렌스탐과 라운드를 했다. 경기 종료 후 그녀는 "설명하기는 어렵지만 실제 안니카와 플레이를 같이 하고, 공기를 느낀 것만으로도 너무나 많은 것을 얻었습니다"라는 코멘트를 남겼다.

미야자토가 말하는 '(안니카의) 공기'에는 '안니카의 리듬'이 분명 포함되어 있다. 우리도 TV를 통해 일류 프로의 기술과 리듬을 보고 감탄할 때가 많지만 '공기'까지는 느낄 수 없다. 이는 함께 라운드를 함으로써 비로소 체감할 수 있는 것이다.

그런 의미에서 모범이 될 만한 상급자와 함께 즐기는 라운드는 골프 리듬이 향상될 수 있는 좋은 기회이다.

상급자의 리듬은 '현장'에서 느끼는 것이 최고.

코스가 밀릴 때 대처법

머리가 좋은 골퍼 골프와 관련 없는 것을 생각한다
머리가 나쁜 골퍼 짜증을 내다가 결국 실수한다

휴일 혹은 봄가을의 하이 시즌이 되면 코스가 밀리는 경우가 다반사다. 평소라면 하프 라운드에 2시간 정도 걸리는 것이 2시간 반, 큰 대회라도 끼어 있으면 3시간이 걸리기도 한다.

이러다 보면 티잉 그라운드에서도, 세컨드 샷에서도 기다림이 이어져 리듬을 유지하기가 어려워진다. 그리고 역시나 연거푸 실수를 하고 만다.

그 원인은 실수를 한 본인도 알고 있을 것이다. 기다리다 보면 짜증이 나고, 시간이 많아져서 쓸데없는 생각이 많아진다. 그리고 기다리는 동안 쌓인 아드레날린 때문에 스윙 타이밍이 망가져버린다.

사실 이런 사태는 일류 프로에게도 일어난다. 안니카 소렌스탐은 한 시합에서 앞 팀의 그린이 끝나기를 페어웨이에서 기다리면서 다음 타에 사용할 샌드 웨지를 지팡이처럼 짚고 서 있었다고 한다. 이윽고 자기 차례가 왔을 때 들고 있던 샌드 웨지로 쳤으나 연못에 빠지며 더블 보기를 기록했다.

이후로 그녀는 기다리는 동안엔 절대로 클럽을 들고 있지 않는다고 한다. 그리고 차례가 오면 그제야 백이 있는 곳으로 가서 사용할 클럽을 빼내는 공식을 철저하게 지킨다.

안니카의 경험담에 깊이 공감하는 동시에 대처법에 감탄하는 분이 많지 않을까?

골퍼라는 종족은 일단 클럽을 쥐면 누구나 '임전 태세'가 된다. 그러나 임전 태세는 그리 오래 유지되지 않는다. 기다리는 시간이 길어지면 샷의 이미지도 약해지고, 몸이 점점 굳어온다. 그러므로 일단 클럽을 손에 들면 시간을 두지 않고 평소 리듬대로 흘러가듯 샷을 하는 것이 정석이다.

하지만 성미가 급한 골퍼는 당장 칠 수 없다는 것을 알면서도 클럽을 손에 들고 만다. 앞 팀이 출발한 지 얼마 되지 않아서 한동안은 티샷을 할 수 없는데도 불구하고, 오너가 된 것이 좋아서인지 재빨리 티업을 하고는 이제나저제나 칠 시간을 기다린다.

이것은 야구에서 '빨리 배트를 휘두르고 싶어 몸이 달아오른 타자'와 같다. 훌륭한 투수라면 충분히 시간을 가지고 애를 태우면서 깔끔

chapter 5 멘털 케어 · 181

하게 삼진을 잡아버릴 것이다.

　기다리는 동안에는 클럽을 잡지 않는다. 만지기만 하는 것도 삼간다. 심지어 어느 프로는 볼 근처에도 가지 않는다고 한다. 이럴 때는 일단 골프는 잊어버리고 '오늘 저녁 메뉴'라도 생각하는 편이 현명하다.

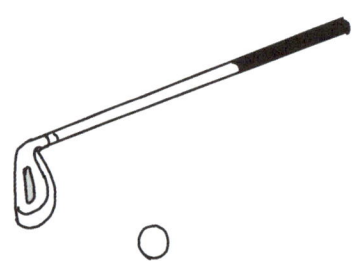

골프에서는 생각이 많아질수록 실수가 많아진다. 기다리는 동안에는 골프 이외의 일을 생각한다.

'자신 없는 홀'을 극복하는 방법

머리가 좋은 골퍼 물이라도 마시면서 한 호흡 쉰 후 주저하지 않고 스윙

머리가 나쁜 골퍼 싫은 점을 계속 생각하면서 티 샷에 임한다

홈 코스가 있는 골퍼라면 누구나 싫어하는 홀이 하나 정도 있게 마련이다. 그곳이 누구나 가장 어렵다고 인정하는 핸디캡 1번 홀이 아닐 수도 있다. 다른 플레이어가 '이 홀이 왜 싫어?'라고 이상하게 여기는 홀인 경우도 많다.

싫어하는 이유로 가장 많은 것이 '티 샷 어드레스가 어렵다'는 것이다. 티잉 그라운드의 방향과 풍경 등의 이유로 스탠스의 방향이 바르게 잡히지 않고, 항상 훅을 하거나 푸시를 하기도 한다. 그 밖에 '드라이버로 치면 페어웨이를 넘어가고, 그렇다고 다른 클럽은 더더욱 자신이 없다'든지 '아무리 해도 슬라이스가 나기 때문에 왼쪽의 도그레

그는 골칫거리'라는 등 골퍼의 비거리와 기술이 원인인 경우도 있다.

프로 골퍼도 실은 마찬가지다. 토너먼트는 매해 같은 코스에서 개최되는 일이 많기 때문에 반복하다 보면 잘 안 풀리는 홀이 생긴다. 처음 가는 코스에서도 연습 라운드를 하다 보면 티 샷을 하기 어려운 홀, 세컨드 샷의 거리감이 맞지 않는 홀 등 본인에게 유독 까다롭게 느껴지는 홀을 발견하곤 한다. 그렇다면 그런 홀은 어떻게 극복해야 할까?

예를 들어 가타야마 신고는 싫어하는 홀의 티잉 그라운드에 서면 반드시 물을 한 모금 마신다고 한다. 목이 말라서가 아니다. 물을 마시는 행위를 통해서 한 템포 호흡을 가다듬는 것이다. 자신 있는 홀이라면 자연스럽게 티잉 그라운드에 올라 주저 없이 스탠스를 잡고, 자연스럽게 스윙을 할 수 있겠지만, 싫어하는 홀에서는 우선 자신감이 없어지는 의식을 떨쳐내기 위한 '시간'이 필요하다. 그것이 물 한 모금인 것이다.

그와 동시에 한 모금의 물은 골퍼의 기분을 풀어주는 효과도 있다. 따라서 PGA 투어에서 활약하는 골퍼 중에는 샷을 할 때마다 물을 조금 마시는 선수도 있다. 여기에는 '물을 마시면 안정이 된다'는 일종의 주문 효과도 있을 것이다. 주문이든 뭐든 이를 통해 안심할 수 있다면 그것으로 충분하다. 어차피 골프는 멘털 스포츠이다. 골퍼가 안정을 찾을 수 있다면 무엇이든 시도해볼 일이다.

'마지막 3홀' 제대로 즐기기

머리가 좋은 골퍼 가볍게 체조를 하면서 심기일전
머리가 나쁜 골퍼 피로를 자각하지 못하고 실수 연발

골퍼에는 두 가지 타입이 있다. 지금껏 컨디션이 좋다가 마지막 3홀에서 스코어가 무너지는 골퍼와, 지금껏 활약이 미미했지만 마지막 3홀에서 스코어가 좋은 골퍼이다.

후자는 '이대로는 집에 갈 수 없어'라며 새롭게 마음을 다잡고 힘내는 타입 또는 슈퍼 슬로 스타터일 것이다. 언뜻 보기에는 멘털이 대단히 강해 보이지만, 이런 타입은 대부분 시작 3홀의 스코어가 좋지 않다. 그런 의미에서 긴장을 잘하는 타입이 많다. 이런 사람은 1장 34페이지의 "처음 3홀은 조용한 골프를 하는 가운데 머리와 감각은 최대한 열라"는 내용을 다시 읽어보기 바란다.

chapter 5 멘털 케어 · 185

사실 애버리지 골퍼의 대부분은 전자에 해당될 것이다. 그 원인은 대략 두 가지다. 우선 피로를 들 수 있다. 마라톤이라면 35km 정도 지나면 급격히 다리가 무거워지는 등 피로를 확실히 자각하지만 골프는 실제 피곤하면서도 이를 깨닫지 못하는 경우가 많다. 개중에는 '골프는 그냥 걷는 정도지, 운동량이 많은 게 아니니까 피곤할 리가 없지'라고 생각하는 골퍼가 있을 정도다.

하지만 골프 역시 피로가 쌓인다. 마지막 3홀쯤 되면 이미 7~8km 정도는 걸은 상태다. '올바른 스윙'이라는 것이 육체적으로도 상당히 무리가 되는 것이라 평소 사용하지 않는 근육과 고관절에 부하가 걸려 있다. '올바른 스윙'을 하지 못한 골퍼라면 불필요한 힘까지 주어서 피로감이 몰려온다.

게다가 라운드 당일에는 모두 일찍 일어나 수면 시간이 4시간 정도에 편도 2시간의 운전을 한 사람도 적지 않다. 골프를 친 날은 집에 돌아가서 맥주 한잔한 뒤 바로 잠이 든다는 사람들이 많은 것도 골프가 얼마나 피곤한 운동인지 말해준다.

그러므로 머리가 좋은 골퍼는 마지막 3홀을 맞이하기 전에 가벼운 스트레칭이나 체조를 하며 누적된 피로를 가볍게 풀어준다. 그리고 '다시 시작해볼까!' 하는 마음가짐으로 나머지 3홀에 임하는 것이다.

마지막 3홀에서 스코어가 무너지는 또 하나의 이유는 멘털이다. 이제까지 컨디션이 좋았다면 '남은 3홀에서 3오버만 하면 베스트 스코어다', '5오버를 해도 대회에서 우승할 수 있을 것 같아!'라는 식으로 가능성이 보이면 심리적으로 크게 동요하게 된다. 즉 이런 압박을 이겨내지 못하면 스코어가 무너진다.

베스트 스코어와 승리가 눈앞에 보이면 누구든 긴장하게 마련이다. 그러므로 우선은 자신이 긴장하고 있다는 것을 솔직하게 인정하자. 그리고 '심장 떨리는 퍼팅을 하는 것이야말로 골프의 참맛이지!'라며 긴장감을 오히려 즐긴다. 프로가 아닌 이상 잃을 것이 없다. 실례가 되는 말일지 모르겠지만 '어차피 재미 삼아 하는 것' — 이렇게 생각하면 된다.

가벼운 체조를 하고, 다시 의욕을 불어넣었다면 이제 스코어는 잊어버리고 눈앞의 1타 1타에 집중하자.

지금까지는 컨디션이 좋다. 자신을 가지고 클럽을 휘두르면 베스트 스코어 경신도, 대회 우승도 당신의 것이 될 것이다.

chapter 6

• 의외로 모르는 사람이 많다 •

연습과 연습장

제대로 실력을 쌓는 비법 중의 비법

연습 전 골프 실력 향상의 상식

머리가 좋은 골퍼 '올바른 스윙'을 알고 연습한다
머리가 나쁜 골퍼 '엉터리'를 고수하며 잘못된 습관이 한층 굳어진다

싱글이 되기 위해서는 트럭 1대분의 볼을 쳐야 한다.

골프의 세계에서 공공연히 알려진 불문율이다.

트럭 1대분의 볼이 대체 몇 개쯤 되는지 모르지만, 볼을 많이 치지 않으면 골프 실력이 늘지 않는 것만은 확실하다.

다만 이것은 골프를 잘하기 위한 '필요조건'이지, '필요충분조건'은 아니다. 왜냐하면 골프의 연습량과 실력 향상의 속도는 반드시 비례하지 않기 때문이다.

사실 골프 실력 향상을 위한 필요충분조건은 그리 까다롭지 않다. 그것은 바로

① 올바른 스윙을 이해한다.

② 올바른 스윙을 실천하기 위한 최선의 연습법을 실행한다.

이 두 가지밖에 없기 때문이다. 또 한 가지, 정말로 골프 실력 향상을 꾀하고 싶다면 코스 매니지먼트를 비롯한 멘털 강화가 필요하다. 골프의 '기술'을 습득하는 것만이라면 이 두 가지로 족하다.

그런데 부지런히 연습장에 다니는 애버리지 골퍼의 99%는 아쉽게도 ①도 ②도 충족하지 못하는 경우가 많다.

언뜻 보기에도 '저런 스윙이 제대로 맞을 리 없는데' 싶은 스윙으로 내내 볼만 쳐대는 골퍼가 얼마나 많은지…….

드라이버를 수십 번 치다 보면 몇 번 정도는 좋은 샷이 나올 수도 있다. 하지만 이런 연습은 전혀 의미가 없다. 왜냐하면 실전 라운드에선 드라이버를 연달아 몇십 번이나 칠 수는 없기 때문이다(OB가 난 후에는 한 번 더 칠 수 있습니다만).

심지어 이런 연습은 전혀 의미가 없을 뿐만 아니라 오히려 골프가 더 엉망이 되는 경우도 있다. '제대로 맞을 리 없는 스윙'을 반복하다 보면 이상한 스윙 습관이 굳어지기 때문이다.

골프를 정말 잘하고 싶으면 우선 '올바른 스윙'을 알아야 한다. 이를 위해서는 제대로 알려주는 교습서를 읽거나, 올바른 스윙법을 꼼꼼하게 알려주는 레슨 프로나 상급자의 가르침을 받아야 한다. 나아가서 신체의 유연성과 근력을 키우는 등의 '육체 개조'가 필요한 경우도 있다. 이런 '투자'도 없이 그저 볼만 치는 것은 솔직히 돈과 시간의 낭비라 해도 과언이 아니다.

물론 야구의 세계에서는 이치로나 노모 등 '자기 스타일'을 관철해 초일류에 오른 선수가 있다. 만약 당신에게 그런 보기 드문 재능이 있다면 앞에서 말한 내용을 철회하고 사과의 뜻을 전하겠다. 당신 마음대로 연습하시길.

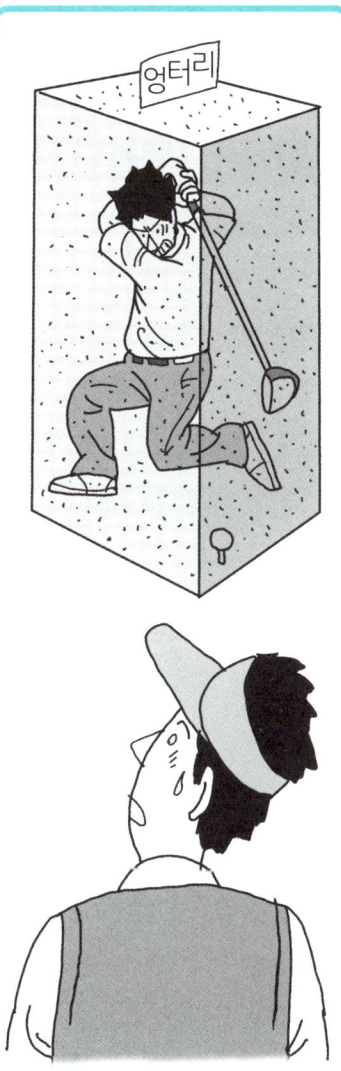

이상한 습관이 굳어지면 나중에 고치기가 매우 어렵다. 하루빨리 교정하시길.

테마를 가지고 연습에 임한다

머리가 좋은 골퍼 스윙을 만드는 연습과 라운드를 의식한 연습을 구별한다
머리가 나쁜 골퍼 항상 모든 클럽을 같은 빈도로 연습한다

'올바른 스윙'을 이해한 사람이라면 연습이 ①'올바른 스윙'을 완성하기 위한 연습과 ②실전 라운드에서 좋은 스코어를 내기 위한 연습, 이 두 가지로 나뉜다는 것을 알고 있을 것이다.

'올바른 스윙'이란 한마디로 '클럽 헤드의 궤도가 임팩트에서 항상 스퀘어가 되도록 일정하고, 나아가 임팩트 때 클럽 헤드가 가속하는 스윙'이 될 것이다. '어깨와 두 팔의 삼각형이 무너지지 않도록'이라든지 '다운스윙은 하반신부터 움직여야 한다', '임팩트할 때 머리는 볼의 뒤에 남아 있어야 한다(비하인드 더 볼)' 등의 어드바이스는 모두 이 '올바른 스윙'을 실현하기 위한 구성 요소라고 할 수 있다.

그렇다면 이들 요소를 조합하기만 하면 '올바른 스윙'이 완성되는 것일까. 실은 벤 호건부터 타이거 우즈 등 초일류 프로 골퍼들의 스윙을 다양하게 분석해본 결과 대략 그런 공통적인 요소가 있었다는 요지이다. 그리고 이런 공통점을 과학적으로 분석해보니 일리가 있었다고 뒷받침하는 내용이다.

①의 연습을 하기 위해서는 이 순서의 차이를 머릿속에 입력해두는 것이 좋다. 다만 동작 하나하나의 요소를 너무 의식하면 전체가 엉망이 된다. 흐르는 듯한 스윙이 우선이고, 그 과정에서 세세하게 분석해보니 톱과 임팩트, 피니시는 이렇게 하는 것이 좋다는 것을 파악했다 ─ 이 정도로 이해하면 우선 스윙의 부분적 요소에 치우치다 전체를 놓치고 마는 문제는 없을 것이다.

또 ①의 연습에는 역시 '제3자의 눈'이 필요하다. 연습장 거울 앞에서 프로 골퍼의 연속 사진처럼 스윙을 쪼개서 체크하는 골퍼가 있다. 그런데 의도적으로 멈춘 스윙과 겨우 1~2초 안에 끝나버리는 실제 스윙의 한 프레임은 전혀 다르다. 프로 골퍼 중에는 스윙 연습이나 섀도 스윙 중에 스윙을 멈추는 것이 전혀 의미가 없다고 말하는 사람도 있다.

자신의 스윙을 효과적으로 체크하고 싶다면 동영상으로 촬영하는 방법이 있다. 다만 실제 자신의 스윙을 보더라도 어디가 잘못되었고 어떻게 고쳐야 할지를 모른다면 의미가 없다. 그런 의미에서도 역시 '제3자의 눈'이 필요할 것이다.

이렇게 '올바른 스윙'을 이해하고, 나아가 자신의 것으로 만들기 위해 무엇이 필요한지 파악했다면 이제 남은 것은 꾸준한 연습의 반복밖에 없다. 경우에 따라서는 몸을 부드럽게 만들기 위한 스트레칭과 근육 트레이닝이 필요한 경우도 있을 것이다. 이렇게 올바른 동작을 수없이 반복함으로써 이를 뇌와 근육에 각인한다.

구체적으로는 클럽을 여러 개 바꿔가면서 연습하는 것이 아니라 9번 아이언이라면 9번 아이언, 6번 아이언이라면 6번 아이언이라는 식으로 1개의 클럽을 끈질기게 친다. 그런 의미에서는 넓은 연습장보다 건물 안의 좁은 실내 연습장이 스윙을 만드는 연습에 더 적합할 수 있다.

분명 이런 과정이 즐거울 리 없다. 넓은 연습장에서 드라이버를 호쾌하게 휘두르고 싶은 것이 모든 골퍼의 똑같은 마음이지만 이것은 스트레스 해소에는 좋지만 스윙을 만드는 데 그리 도움이 되지 않는다. 넓은 연습장에서 어쩌다 한번 좋은 샷이 나왔을 때 '좋았어, 이 정도면 충분해'라고 생각하는 애버리지 골퍼가 대부분이다. 그러나 그 때문에 실력이 항상 제자리인 골퍼들이 세상에 넘쳐나고 있다.

'스윙 개조'의 위화감

머리가 좋은 골퍼 위화감을 느끼기 때문에 스윙이 올바로 잡히는 것이라 생각한다

머리가 나쁜 골퍼 위화감이 있으면 바로 그만둔다

오랫동안 '잘못된 스윙'을 해온 골퍼(애버리지 골퍼의 99%)가 '올바른 스윙'을 자기 것으로 만들고자 심기일전, 티칭 프로의 문을 두드린다.

그는 이제 어드레스부터 시작해서 톱의 위치, 피니시의 모양까지 스윙 전반을 고치도록 지적받을 것이다.

'네? 클럽을 이렇게 바깥쪽으로 들어 올려야 하나요?'

'말도 안 돼! 엉덩이를 이렇게 내밀고 어떻게 치죠?'

아마도 처음에는 이런 강렬한 위화감을 느낄 것이다.

하지만 위화감을 느끼는 것이 당연하다.

왜냐하면 골퍼의 뇌는 오랫동안 해온 자신의 '잘못된 스윙'을 '올바

른 스윙'이라 납득 → 기억하고 있기 때문이다.

스윙 개조라고 하면 조금 과장된 표현일지 모르겠지만, 어쨌든 '잘못된 스윙'에서 '올바른 스윙'으로 바꾼다는 것은 몸동작을 하나부터 다시 고치는 것을 의미한다.

이를 위해서는 몸의 유연성과 근력을 높일 필요가 있지만, 가장 까다로운 것은 몸에 다양한 지령을 내리는 '뇌'를 어떻게 설득할 것인가 하는 점이다.

스윙 개조는 뇌에 입력된 골프 스윙에 대한 잘못된 OS를 무시하고, 올바른 OS를 새로 설치하는 것과 같다.

컴퓨터라면 '삭제'를 클릭하면 되니 간단하지만, 인간의 뇌는 훨씬 복잡하다. 인간의 뇌는 새로운 OS에 대항해 완강하게 저항한다. 지금까지의 방식이 너무나 쾌적한 것이다.

이 '쾌적함'이 문제가 되는 이유는 그 안에 '육체적 게으름'이 포함되어 있기 때문이다. 실은 조금 더 상체를 비틀어야 하는데 그렇게 하면 몸이 힘드니까 뇌는 '이 정도만 해두자'라고 육체에 게으름을 명령한다.

골퍼 당사자는 이 스윙이 마음에 들지 않아서 어떻게든 바꾸고 싶지만, 뇌는 그 정도로 충분하다고 설득한다. 뇌는 대단히 보수적이다.

따라서 스윙 개조라는 것은 뇌와의 싸움이다. 과장해서 말하면 세뇌에 가깝다고 할 수 있을 것이다.

프로 골퍼들도 자신의 스윙을 보다 이상적으로 만들기 위해 때로 스윙 개조를 시도한다. 우리 아마추어가 보기에는 개조 전과 개조 후 스윙에 거의 차이가 없는 듯 보이지만, 프로 골퍼처럼 일단 스윙을 완성한 사람이 이를 바꾸는 것은 엄청난 고난의 연속이다. 예를 들어 스윙 플레인[12]을 1~2도 플랫하게 바꾸는 것만으로도 프로 골퍼는 시즌 오프를 모두 투자하고, 때로는 2~3년이 걸리는 경우도 흔하다.

프로와는 차원이 다르지만 우리도 스윙을 개조하려면 처음에 위화감이 들고, 이를 내 것으로 만드는 데 상당한 시간이 걸린다는 사실을 각오해야 한다. 이런 각오가 없으면 위화감이 드는 순간 바로 예전 스윙으로 돌아가버린다.

하지만 일단 올바른 스윙 감각이 내 것으로 붙으면 점차 위화감은 사라지고, 결국엔 위화감이 쾌감으로 바뀐다. 몸이 부드럽게 회전해 균형을 유지한 채 완벽한 피니시를 해낸다.

'올바른 스윙이란 이렇게 기분 좋은 것이구나!' ─ 이런 생각이 들 때까지는 꾹 참아내야 한다.

---

[12] 스윙 플레인: 클럽 헤드의 궤도.

프로 골퍼의
연속 스윙 사진은 위험하다

머리가 좋은 골퍼 따라 해도 되는 것은 어드레스와 톱과 피니시뿐
머리가 나쁜 골퍼 모든 것을 따라 하려다가 엉망진창

　골프 잡지에 세계적인 유명 프로 골퍼의 스윙을 프레임별로 찍은 연속 사진이 흔하게 등장한다. 이것을 '올바른 스윙'의 모범으로 참고하는 골퍼들도 많을 것이다.
　어드레스부터 피니시까지 전부 10프레임 정도로 분할된 스윙 사진은 분명 참고할 점이 매우 많다.
　안정된 어드레스, 톱으로 갈 때까지 전혀 미동하지 않는 머리, 충분히 돌아간 상반신, 톱에서 지면과 평행이 되는 샤프트, 임팩트 직전까지 풀리지 않는 콕, 임팩트 시 볼 뒤에 위치하고 있는 머리, 완전히 양 어깨가 돌아가고, 체중이 왼쪽에 남은 채로 피니시…….

이 모든 것이 훌륭해 '올바른 스윙'이란 '아름다운 스윙', '멋진 스윙'이라는 것을 다시 한번 실감하게 된다.

다만 이 연속 사진에서 우리 아마추어들이 따라 해도 좋은 것은 셋업 시의 어드레스와 톱, 피니시의 세 부분 정도이다. 요령이 좋은 사람이라도 하프웨이 백(백스윙에서 클럽이 지면과 수평이 되는 포인트)과 임팩트를 추가하는 정도면 충분하다.

반대로 절대 따라 해서는 안 되는 것은 다운스윙에서 임팩트까지 손목 앵글을 유지하는 이른바 '래그' 부분이다.

먼저 움직이는 하반신, 그러나 열리지 않는 어깨, 거의 임팩트할 때까지 풀리지 않는 콕 — 이 래그야말로 비거리를 내기 위한 최대 포인트이지만, 애버리지 골퍼가 래그를 의식하고 스윙을 하면 대부분은 뒤땅 혹은 팔이 뒤늦게 내려오는 동작의 원인이 된다. 팔이 뒤늦게 내려오면 슬라이스, 그것을 임팩트 때 수정하려고 하면(팔을 빨리 내리려고 하면) 훅이 나오고 만다.

물론 래그가 스윙의 핵심이다 보니, 이제 막 골프에 눈을 뜬 애버리지 골퍼 입장에서는 가장 따라 하고 싶은 부분일 수 있다. 하지만 이는 모양만 따라 한다고 해서 쉽게 내 것이 되지 않는다. 아니, 실제는 모양만 따라 하는 것도 어렵다.

래그를 실현하기 위해서는 날렵한 허리 회전과 이것이 가능한 유연한 고관절, 내전근을 비롯한 하반신 근육과 복근, 배근의 힘도 필요하다. 그리고 무엇보다 하반신과 상반신 동작의 시간차, 즉 타이밍을 체득하는 것이 필요하다. 아마추어 중에서 '래그'가 가능하다면 비거리 250야드는 어렵지 않을 것이고, 실제 싱글이 될 수도 있을 것이다.

일류 프로 골퍼의 스윙을 따라 한다면 우선 셋업 어드레스부터 시작하자. 그리고 프로세스는 무시하고, 톱과 피니시의 모양을 흉내 내어본다. 이것들은 스윙 중에서는 정지에 가까운 포인트이므로 그나마 따라 하기 쉽다(엄밀하게 말하면 톱에서 몸은 정지하지 않는다. 클럽이 톱에 도달하기 전에 하반신은 이미 움직이고 있다).

단, 절대로 손으로 클럽을 톱과 피니시의 위치에 가져가려고 하지 말 것. 어디까지나 몸의 회전으로 그 위치에 클럽을 가져가야 한다.

좋아하는 골퍼의 셋업 어드레스 → 톱 → 피니시의 모양을 따라 해보는 동안 그런 톱과 피니시를 자연스럽게 하기 위해서는 몸을 어떻게 움직여야 하는지 조금씩 깨닫게 될 것이다.

맨 처음과 맨 마지막이 정해지면 중간도 자연스럽게 따라올 것이라고 낙관적으로 생각하자. 어차피 골프 스윙은 1~2초에 끝난다. 처음과 마지막은 좋았는데 중간이 엉망이 되기도 어려운 일이다.

'슬럼프'에 빠졌을 때 연습법

머리가 좋은 골퍼 우선 셋업과 어드레스를 체크한다
머리가 나쁜 골퍼 무조건 스윙을 해서 컨디션을 되찾으려고 한다

골프라는 스포츠는 실력이 향상되기까지 상당한 시간이 걸리는 반면 실력이 무너지는 것은 순식간이다.

과거 타이거 우즈를 누르고 세계 랭킹 1위에 올랐던 데이비드 듀발이 불과 몇 년 만에 세계 랭킹 300위대로 떨어진 것은 유명한 일화이다. 아마추어 골퍼 중에서도 지난달까지 80대, 70대를 연발하다가 얼마 안 있어 90도 깨지 못하는 일이 빈번하게 벌어진다.

이럴 때 많은 사람들이 부진의 원인이 스윙에 있다고 생각해 톱의 위치와 체중 이동의 타이밍 등 여기저기 고치기를 시도한다. 하지만 그전에 해야 할 일이 있다. 바로 '셋업과 어드레스를 체크'하는 것이다.

스탠스의 너비, 상반신의 앞 기울기 각도(고관절의 각도), 등이 굽지 않았는지, 오른쪽 어깨가 얼마나 내려갔는지, 무릎이 구부러지는 정도, 그립 위치(몸과의 거리), 볼의 위치, 페이스의 방향과 샤프트의 각도(어느 정도 핸드 퍼스트인지), 볼을 볼 때 시선, 턱 위치 등……. 이상과 같이 실제 스윙을 하기 전의 일정 '룰'에 미묘한 변형이 생기면 그것만으로도 나이스 샷이 불가능해진다. 아마추어의 경우는 사소한 문제로 이들 여러 가지 조건이 무너지기 쉽고, 그것이 슬럼프의 원인이 되는 경우가 적지 않다.

예를 들어 볼이 잘 맞지 않으면 무의식중에 볼에 가까이 간다든지, 볼을 오른쪽에 두고 싶어진다. 이렇게 하면 일시적으로는 볼이 맞지만 스윙 자체는 '올바른 스윙'에서 멀어진다. 그리고 이를 인지하지 못한 채 계속 볼을 치다 보면 급기야 중증의 슬럼프에 빠지는 것이다.

사실 셋업과 어드레스라는 것은 스윙 이상으로 중요한 것으로, 잭 니클라우스는 "나이스 샷의 가능성은 90% 이상 셋업에 달려 있다"고 했을 정도다. 티칭 프로의 대부분도 아마추어 골퍼의 실력은 셋업과 어드레스를 보는 것만으로 짐작할 수 있다고 한다.

그도 그럴 것이 예를 들어 타깃을 향해 서 있지 않음에도 불구하고 본인은 제대로 그쪽을 향해 있다고 생각하는 골퍼가 얼마나 많은가. 이래서야 볼이 제대로 날아갈 리가 없다. 만약 그래도 에이밍한 곳으로 볼이 날아갔다면 이는 무의식중에 스윙을 조정하는 것이며, 불필요하게 어려운 샷을 하고 있는 것이다. 이 상태로는 지속적으로 나이스 샷을 치기 어려우며, 언젠가는 실력이 한계를 드러낸다.

올바른 셋업과 어드레스는 골퍼의 체격에 따라서도 달라진다. 그러므로 프로와 상급자에게 '나만의 올바른 어드레스'를 상담하기를 권한다. 이것만으로도 스윙이 훨씬 향상되며, 확연히 달라진 볼을 칠 수 있을 것이다.

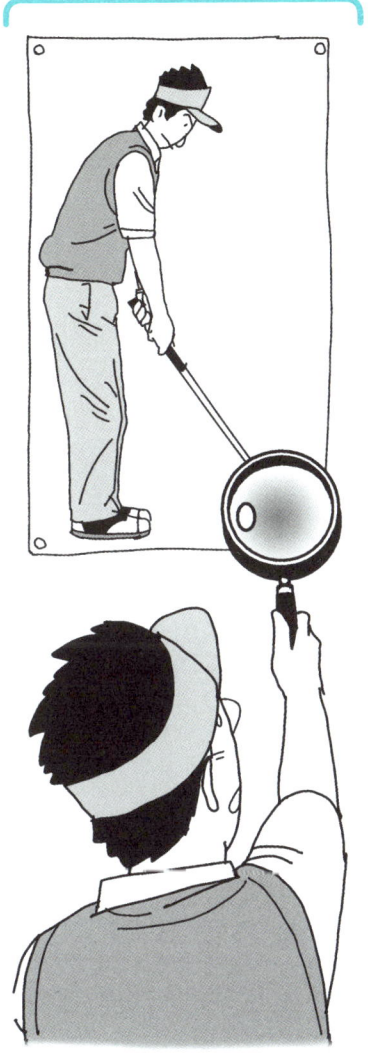

슬럼프라고 느껴진다면 셋업을 확인. 볼의 위치를 수정해 슬럼프에서 벗어난 사례가 많다.

'연습 기구'를 활용해도 될까?

머리가 좋은 골퍼 연습 테마에 따라 적극적으로 다양한 시도를 한다
머리가 나쁜 골퍼 연습장에서 시도하기가 창피하므로 포기한다

앞에서 '스윙 개조는 뇌와의 싸움'이라 했다. 예를 들어 거의 모든 애버리지 골퍼가 하고 있는 '팔로 치기'를 보자.

머리에 일단 팔로 볼을 치는 동작이 몸에 붙으면 아무리 '팔로 치지 않겠다!', '몸을 자연스럽게 돌릴 것', '손과 팔은 없다고 생각하고 칠 것', '팔은 휘두르는 것이 아니라 휘둘리는 것'이라 주문을 외우면서 스윙을 해도 그대로 실현되지 않는다. 손과 팔은 대단히 정교하게 만들어져 있어서 하지 않아도 될 일까지 해버린다.

'팔로 치기'가 잘 고쳐지지 않는 것은 오랫동안 안일하게 손을 사용했기 때문만이 아니라, 가끔은 '팔로 치기'를 하는 과정에서 잘 맞은

경험이 있었기 때문이다. 인간의 뇌는 몸에 스며든 '우연한 성공 체험'을 과대평가하는 경향이 있다.

그러나 스윙이 미완성 단계에서 나온 나이스 샷은 어디까지나 '우연'에 불과하다. 거기에 만족하면 유감스럽게도 발전은 없다.

이렇게 완고하게 굳어진 뇌를 바꾸기 위해서는 때로 '교정 기구'를 사용하는 것도 좋다. 뇌가 익숙한 동작을 하라고 명령을 내려도 강제로 어렵게 만드는 기구를 사용하는 것이다.

최근 몇 년간 골프계에는 훌륭한 연습 기구가 많이 개발되고 있다. 훌륭한 연습 기구란, 요컨대 '잘못된 스윙을 할 수 없게 만들어주는 교정 기구'를 말한다. 진지하게 스윙을 개선하고자 하는 골퍼라면 더 없이 반가운 일이다.

예를 들어 셋업에서 만든 양팔의 각도와 간격을 스윙 도중에 바꾸려고 하면 스윙이 힘든 연습 기구가 있다. 이것을 사용하면 볼을 팔로 치는 것이 어렵다.

또는 힘이 들어가기는 바람에 피니시에서 균형이 쉽게 무너지는 골퍼라면 밸런스 디스크 위에서 스윙을 해보는 것도 좋다(밸런스 디스크란 평평한 원반형의 피트니스 기구이다. 안에 공기를 넣어 사용하므로 서 있을 때 불안정해진다. 양발에 하나씩 놓고 올라선다). 그러면 자신이 얼마나 상반신만으로 스윙을 하고 있는지, 하반신의 안정감이 부족한지를 알 수 있다.

이런 연습 기구를 사는 것이 아깝다면 헤드 커버를 양쪽 겨드랑이에 끼고 스윙하기, 양팔이 몸에서 떨어지지 않도록 튜브로 묶고 스윙하기, 평균대 정도 너비의 판 위에 서서 스윙하기와 같은 연습법도 있다.

각종 연습 기구와 주변에 있는 물건을 사용하는 연습 방법은 이 밖에도 많고, 골프 잡지나 골프 관계 사이트에서도 수없이 소개하고 있다. 그러나 이상하게도 연습장에서 이런 기구를 사용해서 연습하는 사람은 거의 보기 힘들다. 연습 전에 특수한 봉이나 야구 배트를 휘두르는 사람이 가끔 있는 정도이다.

성급한 예상이지만 일반 골퍼들은 이런 연습 기구를 사용하는 것을 왠지 부끄러워하는 것이 아닐까. 만약 그것이 사실이라면 그야말로 큰 오판이다. 가타야마 신고와 비제이 싱 등 최고의 프로 골퍼 중에서도 이러한 연습 기구를 적극적으로 활용하는 케이스가 적지 않다. 스윙이 완성된 프로들도 사용하는데, 우리 같은 아마추어는 두말할 필요가 없을 것이다. 골프에 좋은 것이라면 적극적으로 시도해보자 ─ 골프 실력 향상을 위해서는 이런 욕심도 필요하다.

연습 기구는 단조로워지기 쉬운 연습에 변화를 주기도 한다. 그런 의미에서도 적극 추천한다.

'실전'을 염두에 둔 현명한 연습 ①

머리가 좋은 골퍼 1구를 칠 때마다 타깃과 클럽을 바꾼다
머리가 나쁜 골퍼 같은 클럽으로 같은 곳을 계속 노린다

    지금까지 '올바른 스윙'을 익히기 위한 연습에 대해 설명했는데, 다음에는 실전 라운드를 염두에 둔 연습 방법을 소개한다.
    스포츠 세계에서는 '연습은 실전처럼, 실전은 연습처럼'이라는 말을 흔히 한다. '연습은 실전처럼 진지하게 하지 않으면 의미가 없다. 그러나 실전은 연습처럼 임하는 것이 긴장을 하지 않아 좋은 결과를 낸다'는 의미이다.
    골프 역시 마찬가지이다. 이른바 '연습장 싱글'이라고 불리는 골퍼가 있다. 연습장에서는 싱글 수준의 좋은 볼을 치는데, 코스에서는 잘 풀리지 않는 골퍼를 말한다.

비난 연습장 싱글이 아니더라도 '왜 코스에서는 연습장 같은 볼이 나오지 않나?' 하고 고민하는 골퍼가 수없이 많은데, 이는 한마디로 '실전처럼' 연습을 하지 않기 때문이다.

연습장과 코스의 차이를 살펴보자.

	「연습장」	「코스」
· **조건**	같은 클럽을 연속해서 칠 수 있다	한 번밖에 치지 못한다
· **라이**	매트	잔디, 러프, 흙
· **경사**	평지	복잡
· **풍경**	항상 같다	항상 다르다
· **심리**	긴장감 없음	긴장감 있음

이 밖에도 바람이나 비 등 기상 조건이 다르고, 더 디테일하게 말하면 볼의 품질도 다르다(연습용 볼은 거리도 나지 않고 위로 뜨지도 않는다. 그러므로 볼을 억지로 위로 띄우려고 하면 스윙이 망가진다).

이렇게 연습과 실전의 환경이 다른 스포츠도 드물 것이다. 그렇다면 골프에서는 연습과 실전을 가깝게 하는 노력이 한층 더 필요할 것이다.

우선 '조건'에 대해 살펴보자. '연습장 싱글'이 가장 착각하는 것이 이것이다. 같은 클럽으로 계속 치다 보면 당연히 점차 타이밍이 맞으면서 나이스 샷이 나온다. 그런데 '연습장 싱글' 중에는 이를 진정한 실력이라 착각하는 사람이 많다.

실전을 염두에 둔다면 볼 하나를 칠 때마다 클럽을 바꾸고 에이밍하는 곳도 바꾸어야 한다. 설령 클럽은 바꾸지 않더라도 에이밍을 조금씩 바꾸지 않으면(당연히 어드레스의 방향도 바꾼다) 효과적인 연습이 되지 않는다. 이런 조건에서 생각한 대로 볼을 치지 못한다면 코스에서도 마찬가지다. 아니, 이렇게 연습해서 80%의 성공 샷을 쳤다 하더라도 실제 코스에서는 그 절반의 확률이라 생각해야 한다.

'라이'와 '경사'를 연습장에서 재현하는 것은 어렵지만 방법이 아예 없는 것은 아니다. 한 가지는 볼을 매트의 오른쪽 끝에 둔다. 조금이라도 뒤땅을 치면 매트가 일어나기 때문에 나쁜 라이에서 치는 연습이 된다. 같은 의미로 일반적인 연습 매트 위가 아니라(뒤땅을 쳐도 솔이 미끄러지기 때문에 실수인지조차 모르는 사람이 많다) 발판으로 사용하는 단단한 매트 위에서 볼을 치는 방법도 있다.

또 다양한 '경사'도 볼을 밟는 방법으로 연습장에서 재현할 수 있다.

- 양발의 발꿈치로 볼을 밟고 친다 → 발끝이 내려가는 라이
- 양발의 발끝으로 볼을 밟고 친다 → 발끝이 올라가는 라이
- 오른발로 볼을 밟고 친다 → 왼발이 내려가는 라이
- 왼발로 볼을 밟고 친다 → 왼발이 올라가는 라이

이 밖에도 매트 위에 볼을 넣어서 매트 자체의 경사를 자유자재로 바꿀 수도 있다.

'경치'는 홈 코스든 기억에 있는 코스든 상관없으니(오거스타도 좋

나!), 에이밍을 정할 때 실제 코스를 머릿속에 떠올린다. 그렇게 하면 연습장 그린의 오른쪽은 연못, 왼쪽은 벙커라는 식으로 배치도를 그릴 수 있다. 즉 절대 쳐서는 안 되는 포인트를 구상함으로써 실전과 같은 긴장 속에서 연습할 수 있다. 친구와 함께 연습하러 간 경우라면 이렇게 18홀 '가상 라운드'를 해 스코어 경쟁에 나서보는 것도 재미있을 것이다.

또 연습장 1층과 2층, 오른쪽과 왼쪽은 각각 '경치'가 다르므로 여러 타석에서 연습해보는 것도 좋다.

골퍼 중에는 '타석은 1층 한가운데가 최고'라고 굳게 믿는 이가 많은데, 항상 1층 타석에서 연습하면 볼을 띄우려는 스윙이 몸에 밸 수도 있다.

또 슬라이서는 타석의 바로 왼쪽에 네트가 있는 왼쪽 끝의 타석을 기피하는 경향이 있는데, 오히려 일부러 왼쪽 끝의 타석에서 쳐보면서 슬라이스를 교정할 수도 있다.

'심리적인 문제' 부분은 친구와 경쟁하는 방법도 있지만, 일부러 연습장의 가장 눈에 띄는 자리에서 연습을 하는 것도 한 방법이다. 또 볼을 하나 칠 때마다 '아침 첫 볼이니까 신중하게'라든지 '여기에서 그린에 올리면 베스트 스코어', '모임에서 우승' 등의 말을 자신에게 들려주면서 긴장감을 높이는 것도 좋을 것이다.

이렇게 실전을 상정한 연습을 하다 보면 연습 자체가 한층 즐거워질 것이다. 같은 클럽으로 몇십 개의 볼을 연달아 치는 것 — 물론 골프에서는 이런 단조로운 연습도 필요하지만, 연습 시간이 한정적인 아마추어는 효율적으로 스코어 향상을 꾀할 수 있는 연습을 연구해야 할 것이다.

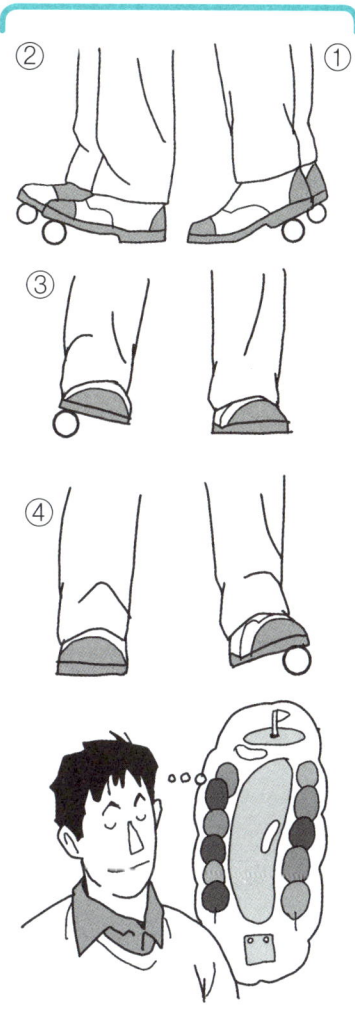

볼을 밟아서 다양한 경사의 라이를 재현한다.
① 발끝이 내려가는 라이
② 발끝이 올라가는 라이
③ 왼발이 내려가는 라이
④ 왼발이 올라가는 라이

'실전'을 염두에 둔 현명한 연습 ②

머리가 좋은 골퍼 '거리가 나지 않고 휘는' 연습을 해둔다
머리가 나쁜 골퍼 '거리가 나고 휘지 않는' 연습만 한다

 이상적인 드라이버 샷이라 하면 '거리가 나고 휘지 않는' 볼임은 두말할 필요가 없다. 그러므로 연습장에서도 '거리가 나고 휘지 않는' 볼을 칠 수 있도록 모두들 열심히 연습을 한다. 하지만 실제 코스에서 '거리가 나고 휘지 않는' 볼을 연달아 칠 수 있는 사람은 그리 많지 않다. 프로 골퍼도 티 샷의 페어웨이 안착률을 평균하면 50% 정도(60%대라면 톱클래스)밖에 되지 않는다.
 '그러니까 더욱 거리가 나고 휘지 않도록 연습하는 거잖습니까!'
 분명 맞는 말이다.
 하지만 프로 골퍼는 아무리 연습해도 실제 라운드에서 볼이 휘어

버리는 현실을 잘 인지하고 있다. 왜냐하면 실제 라운드에서는 아무래도 압박이 있기 때문이다. 경치에 의한 압박, 우승 경쟁으로 인한 압박, 예선 탈락에 대한 압박……

압박의 이유는 다양하지만, 어쨌든 압박을 느끼면 몸이 굳고 스윙을 서두르게 된다. 이는 골퍼의 숙명과도 같은 것으로, 이 상태에서는 클럽 헤드의 궤도가 미묘하게 달라지면서 볼을 스퀘어하게 히트하기 힘들어진다. 그리하여 볼에 사이드 스핀이 걸린다든지, 휘는 상황이 벌어진다.

프로가 이 정도인데 우리 아마추어의 볼이 휘는 것이야 당연한 일이다. 그렇다면 프로는 이런 상황에 어떻게 대처할까?

우선은 '거리를 내지 않는 연습'을 한다. 드라이버를 풀 스윙 하면 300야드를 갈 수 있지만 70%의 힘으로 260야드만 보내는 연습을 한다. 이렇게 하면 다소 공이 휘더라도 풀 스윙을 했을 때보다 정도가 덜하다. 실전에서 '70% 샷'을 칠 수 있다면 아무리 볼이 휘어도 OB 존에는 들어가지 않는다는 계산이 가능하다. 즉 거리를 내지 않는 드라이버 연습은 코스 매니지먼트의 열쇠가 된다.

특히 아이언 샷이 되면 한층 '거리를 내지 않는 연습'의 필요성이 커진다.

애버리지 골퍼가 아이언으로 거리를 컨트롤하는 것은 100야드 이내의 어프로치 정도지만, 프로는 예컨대 9번 아이언으로 60야드부터 140야드 정도의 거리를 나누어 칠 수 있는 연습을 한다. '60야드라면 샌드 웨지로 치면 되잖아'라고 쉽게 생각할 수 있지만 이는 어디까지나 아마추어식 사고방식이다.

실전에서는 낮은 볼을 쳐야 할 때라든지, 볼의 라이 때문에 풀 샷을 할 수 있는 클럽을 사용하지 못하는 상황에 제법 직면하게 된다. 그러므로 1개의 클럽으로 2~3번 아래의 거리를 낼 수 있도록 연습을 해두면 유용하다. 아이언은 '거리를 내는 클럽'이 아니라, '에이밍한 곳에 볼을 보내는 클럽'이라는 사실을 생각하면 절대로 필요한 연습이라 할 수 있다.

또 하나의 연습은 '휘게 하는 연습'이다.

드라이버 샷의 반 정도는 휜다. 그렇다면 의도적으로 휘게 할 요량으로 스윙하는 편이 오히려 페어웨이 안착률을 높일 수 있다는 발상이다.

프로든 아마추어든 골퍼라면 페이드(슬라이스) 구질과 드로(훅) 구질로 나뉜다. 엄밀하게 말해 구질이 스트레이트인 골퍼는 없으며, 골퍼의 체형과 스윙 습관에 따라 반드시 페이드와 드로로 나뉜다(역으로 말하자면 그만큼 볼을 똑바로 치기가 어렵다는 의미이기도 하다).

'휘는 연습'이란 자신의 구질을 연마하는 것을 의미한다. 구체적으로 말하면 '휘는 너비'를 컨트롤하는 연습이다. 언뜻 듣기에는 어려워 보이지만 이 연습은 똑바로 치는 연습보다 훨씬 쉽다.

구질이 페이드인 사람이 스트레이트 볼이나 드로 볼을 치는 것은 어렵지만, '슬라이스에 가까운 페이드'나 '스트레이트에 가까운 페이드'라면 스탠스의 방향을 살짝 바꾸는 식으로 간단하게 구별해서 칠 수 있다.

페이드 정도를 컨트롤할 수 있으면 페어웨이를 넓게 사용할 수 있다. 예를 들어 페어웨이의 너비가 20야드인 홀의 경우, 스트레이트 볼로 한가운데를 노리면 좌우로 10야드 이상 휘며 러프에 걸린다. 그러나 처음부터 페이드 볼을 칠 생각으로 왼쪽 러프를 노리면 20야드 휘어도 페어웨이의 오른쪽에 남는 것이다.

실전을 염두에 둔다면 '휘는 연습'은 아이언도 해볼 가치가 있다. 실제 라운드에서는 스트레이트 볼로는 나무에 걸리거나, 센바람이 옆에서 불어와 그린을 노리기 힘든 상황이 있기 때문이다.

기본적으로 치는 방법은 페이드는 오픈 스탠스, 드로는 클로즈 스탠스로 어드레스를 하고, 클럽 헤드는 양쪽 다 목표 방향을 향한다. 그리고 스탠스에 따라 클럽을 휘두르면 된다(페이드는 아웃사이드 인, 드로는 인사이드 아웃의 궤도가 된다).

로프트가 작은 클럽일수록 페이드를 치기 쉽고, 큰 클럽일수록 드로를 치기 쉽다. 이런 부분까지 기억해두면 볼을 휘게 해야 하는 실전 상황에서 도움이 될 것이다.

'휘는 연습'에는 다음과 같은 보너스도 있다. 휘는 연습을 하다 보면 '어떻게 하면 스트레이트에 가까운 볼을 칠 수 있을까' 하는 문제에 대한 이해도가 점차 높아진다. 즉 '올바른 스윙'에 대한 감을 찾기 시작하는 것이다. 그리고 '휘는 연습'을 하다 보면 연습 자체도 한층

즐거워질 것이다.

골퍼에게 있어서 '볼을 자유자재로 컨트롤하는 것'은 큰 목표의 하나이다. 볼이 원하는 대로 휘면 골퍼는 궁극적 목표에 한 걸음 다가가는 짜릿한 기쁨을 맛보게 될 것이다.

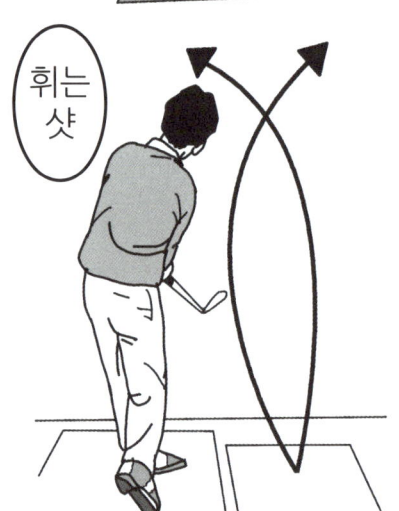

아이언은 '70% 샷'과 '휘는 샷'을 모두 연습한다.

'라운드 후'에 큰 차이가 생긴다

머리가 좋은 골퍼 라운드의 '내용'을 세밀하게 기록해둔다
머리가 나쁜 골퍼 라운드의 '스코어'만 기록해둔다

프로 토너먼트에서 캐디와 선수는 샷을 하기 전에 메모를 보면서 공략법을 생각한다. 그 메모에 핀의 위치와 핀까지의 거리를 알 수 있는 숫자가 간단히 쓰여 있으리라 생각하는 사람이 많겠지만, 이는 최소한의 데이터일 뿐이다. 실제는 이들 숫자는 물론 연습 라운드를 포함해 지금까지 해온 라운드의 '내용'이 모두 적힌 경우가 많다.

예를 들어 티 샷 비거리와 위치, 세컨드 샷의 나머지 거리와 사용한 클럽, 그때의 바람, 그린에 올라간 위치, 퍼팅의 남은 거리, 첫 퍼팅이 멈춘 위치와 라인 등 이 메모를 보면 해당 홀에서 이제까지 어떤 내용의 골프를 했는지 한눈에 알 수 있다.

물론 이것은 데이터가 홀 공략에 도움이 되기 때문이다. 그러나 단지 데이터가 이 시합에만 도움이 되는 것이 아니다. 1라운드를 할 때마다 데이터를 축적해두면 본인의 약점이 보이기 시작한다. 자신의 약점을 알면 시즌 오프의 과제가 파악된다. 즉 라운드 데이터는 골퍼로서 성장하기 위한 귀중한 지침이 되는 셈이다.

아마추어 골퍼도 마찬가지이다. '티 샷이 오른쪽으로 빠진다'든지 '쇼트 퍼팅에서 왼쪽으로 가곤 한다', '나머지 3홀에서 스코어가 무너진다'와 같이 자신이 자주 저지르는 실수와 약점을 잘 알고 있다고 생각하지만, 이는 어디까지나 '심증'에 불과한 경우가 많다.

그러나 라운드를 할 때마다 골프의 내용을 프로 골퍼의 메모와 같이 꼼꼼하게 기록해두면 그것은 '심증'이 아니라 명확한 '데이터'가 된다. 그리고 그 데이터는 골퍼를 성장시키는 자양분이 되어줄 것이다.

라운드의 기록으로 스코어카드만 남기는 사람이 많은데, 거기에는 '5', '4' 같은 숫자만 보일 뿐 나중에 세세한 내용까지 기억하기 어렵다. 얼마나 안타까운 일인가. 과거의 라운드를 내용까지 또렷하게 기억해낼 수 있다면 목표를 운운하기 전에 그것만으로도 충분히 즐거운 일일 텐데…….

요즘은 컴퓨터에 라운드의 내용을 세밀하게 기록해두는 무료 소프트웨어도 선보이고 있다. 스코어와 퍼팅 수, 페어웨이 안착 여부를 입력하면 자동적으로 페어웨이 안착률과 샌드 세이브율까지 프로 골퍼처럼 부문별 성적을 살필 수 있다.

1년의 마지막에 이런 데이터를 보면서 자신의 골프를 되돌아보는 것도 나쁘지 않다. 그리고 내년에는 '페어웨이 안착률을 10% 더 높여보자'라든지 '평균 퍼팅 수를 1.0 낮추자'와 같은 구체적인 목표를 세워보자. 골퍼만이 누릴 수 있는 비밀스러운 즐거움이 될 것이다.

골프는 '일상'이 모든 것을 말한다

머리가 좋은 골퍼 하루 한 번, 몇 분이라도 골프를 생각한다
머리가 나쁜 골퍼 대회 전날에만 골프를 생각한다

한 남성이 웃으면서 이런 이야기를 소개한 적이 있다.

서른 살에 골프를 시작한 부인이 좋은 코치를 만난 덕에 서서히 골프의 재미에 빠졌다. 8년 후에는 아마추어 전국 대회에 출전할 정도로 실력이 일취월장했다고 한다.

"아내가 저녁 식사 후 뒷정리를 하다가 갑자기 30분 정도 사라진 적이 있죠. 나중에 알고 보니 스윙에 대한 생각이 갑자기 떠올랐는데 당장 확인을 하지 않고는 못 배기겠더랍니다. 그래서 당장 앞치마를 벗고 근처 연습장으로 달려갔다고 하더군요."

이런 이야기를 듣고 '뭘, 그렇게까지 유별나게 빠지다니'라고 고개

를 젓는다면 당신은 아쉽지만 골프 실력이 향상되기 어려울 것이다. 미소를 지으면서 '너무 이해가 되네요'라고 한다면 아마 앞으로 한층 실력이 좋아질 것이다.

무슨 일이든 그렇지만 스포츠나 바둑, 장기, 낚시, 컴퓨터 등 한 가지에 몰두해 실력자가 되겠다고 목표를 세운 사람은 적어도 하루에 한 번은 그것에 대해 생각한다.

당신도 바로 전에 다녀온 라운드를 떠올리면서 '왜 그렇게 좋은 라이에서 볼이 잘 안 맞았을까?'라며 원인을 생각한다든지, 지하철 손잡이를 잡고 있다가 갑자기 체중 이동의 요령이 번뜩이던 경험이 있을 것이다.

만약 그렇다면 당신의 머릿속에 항상 골프가 자리 잡고 있다는 증거이다. 그리고 이런 사람은 반드시 골프 실력이 향상된다. 왜냐하면 골프는 몸만이 아니라 머리도 많이 사용하는 스포츠이기 때문이다.

골프는 다른 구기와 달리 반사 신경이 요구되는 '순발력'에 크게 영향을 받지 않는다. 그런 의미에서 보자면 골프는 정적인 스포츠이며 '폼'이 중요하다. '순발력'은 생각을 한다고 해서 좋아지지 않지만 '폼'의 스포츠인 골프는 그 '폼'을 생각하는 것이 곧 실력 향상으로 이어진다.

다시 말해 골프는 이른바 '골프 머리'라고 하는 것이 중요하고, 골프 머리를 단련하기 위해서는 매일 골프를 생각하는 것이 가장 빠른 지름길이다.

골프에 신경 쓰느라 일에 지장을 초래한다고 우려하는 사람도 있을 것이다. 하지만 프로 골퍼처럼 24시간 내내 골프를 생각하라는 것이 아니다. 짬이 났을 때 아주 잠깐이라도 골프를 떠올리면 된다. 그것만으로 충분하다. 술집에서 라운드 친구들과 골프 관련 화제를 나누는 것도 좋다. 상대방이 상급자라면 골프 실력을 높이는 힌트를 얻을 수도 있을 것이다.

뭔가 머릿속에서 떠오르는 것이 있다면 집에 가서 두세 번 섀도 스윙을 해보거나, 퍼터를 잡아본다. 주변에 사람이 없다면 지하철역 플랫폼에서 우산을 휘둘러보는 것도 좋다(매우 창피한 일이지만). 그런 소소한 일이 쌓여 당신의 '골프 머리'가 좋아지고 나아가서는 골프 실력까지 향상될 것이다.

chapter 7

• 이것만은 까다롭게 •

도구

후회하지 않는 최고의 선택법

드라이버를 고르는 현명한 기준

머리가 좋은 골퍼 휘두를 수 있는 범위에서 무거운 것을 고른다
머리가 나쁜 골퍼 가벼운 것을 골라 힘껏 휘두른다

골프는 도구에 따라 실력이 좋아진다.

이런 얘기를 하면 한편에선 '도구가 아니야, 기술이지'라고 말하는 상급자의 목소리도 있다. 하지만 도구로 골프 실력이 향상된다는 말은 결코 거짓이 아니다.

상사가 물려준 클럽을 쓰던 골퍼가 자기 체형과 헤드 스피드에 맞는 클럽으로 바꾼 순간, 눈에 띄게 스윙이 좋아졌다는 예가 드물지 않다. '올바른 스윙'을 하기 위해서는 '자신에게 맞는 클럽'을 선택하는 것이 대전제이다. '자신에게 맞지 않는 클럽'으로 아무리 연습을 해봤자 시간 낭비에, 심지어 다칠 수도 있다.

그리하여 이번 장에서는 머리가 좋은 골퍼의 골프 도구 선택법에 대해, 중요한 포인트를 소개하기로 한다.

우선 드라이버. 드라이버 선택에서 가장 먼저 살펴봐야 할 것은 무게다. 현재 애버리지 골퍼를 위한 드라이버의 무게는 290g 전후가 주류이다. 프로, 상급자라면 320~330g 정도다. 모든 골퍼가 퍼시먼(감나무) 헤드에 스틸 샤프트의 드라이버를 사용하던 과거엔 무게가 350g 이상이었으니 그에 비하면 30~60g이나 가벼워진 셈이다.

어째서 이렇게 가벼워진 것일까. 이유는 간단하다. 가벼운 클럽이 헤드 스피드가 빠르고, 볼을 멀리 보낼 수 있기 때문이다.

특히 무거운 드라이버에서 가벼운 드라이버로 바꾼 직후엔 '이렇게 가벼워도 되나?', '스윙이 수월한걸!' 하며 비거리가 늘어나는 케이스가 압도적으로 많다. 그러나 크게 만족하는 것도 잠시, 점점 그 거리가 원상태로 돌아오곤 한다. 설상가상으로 크게 휘는 문제까지 나타나기도 한다.

원인은 '팔로 치기' 때문이다. 클럽이 가볍기 때문에 팔이 의욕적으로 돌아가는 것이다. 편안한 도구를 사용하면 인간은 무의식중에 몸도 편안해지려고 한다. 예전부터 클럽 선택의 기준은 우드나 아이언이나 '휘두를 수 있는 범위에서 무거운 것'을 고르라는 말이 있는데, 이는 팔로 치는 것을 방지하는 의미에서는 지극히 이치에 맞다고 할 수 있다(단, 18홀을 휘두를 수 있는 정도의 체력이 되는지 생각할 필요가 있다).

그럼 어느 정도의 무게가 좋을까? 드라이버의 헤드 스피드를 보면 다음과 같다.

- 40m/s ········ 295g 전후
- 43m/s ········ 305g 전후
- 46m/s ········ 315g 전후

또 이 기준은 샤프트의 길이가 45인치의 경우이다. 이것보다 더 길 때는 같은 무게의 클럽이라도 무겁게 느껴지기 때문에 이때는 이 기준보다 5g가량 가벼워도 좋다.

샤프트는 'S'? 'R'?

머리가 좋은 골퍼 '강도', '토크', '킥 포인트'를 기준으로 시타를 해 보고 확인

머리가 나쁜 골퍼 타인의 시선을 의식해 더 단단한 'S'를 선택

 골퍼에게 드라이버의 샤프트가 'S'냐, 'R'이냐는 굉장히 중요한 듯하다. 잘 알다시피 샤프트에는 강도를 표시하는 'X', 'S', 'SR', 'R'의 기호가 붙어 있는데, 'X'와 'S'같이 단단한 샤프트를 사용하는 골퍼는 파워가 있고, 'SR'이나 'R'은 파워가 없다는 인식이다.

 그래서 골퍼 중에는 'S'와 'R' 사이에서 고민하다 그만 허세를 부려서 'S'를 선택하는 사람이 적지 않다. 그러나 실은 헤드 스피드가 40m/s인 애버리지 골퍼라면 'R'이 훨씬 더 볼이 잘 나간다.

 'S', 'R' 등의 표기는 사실 표준 규격이 없어서 브랜드마다 자율적으로 붙이고 있다. 그럼에도 대략 'S'라면 헤드 스피드가 43~46m/s,

'R'이라면 40m/s인 골퍼를 상정해서 그 헤드 스피드에 최적의 강도를 설정하고 있으므로 자신의 헤드 스피드에 맞는 샤프트를 선택하는 것이 바람직하다.

반대로 파워가 있고 헤드 스피드도 빠른 골퍼가 부드러운 샤프트를 사용하면 스윙 중에 샤프트가 과도하게 휘면서 타이밍을 잡기가 어려워진다. 그래도 익숙해지면 'S'보다는 잘 나간다고 한다.

샤프트의 성질을 나타내는 기준으로 '토크'도 있다. 토크란 '비틀리는 정도'를 표시하는 수치로, 토크가 작을수록 샤프트는 단단하게 느껴진다. 그러므로 보통 'R'보다는 'S'가 토크가 작게 되어 있다.

프로나 상급자가 낮은 토크(3 이하)의 단단한 샤프트를 좋아하는 것은 이들의 스윙 템포가 빠르기 때문이다. 거기에는 클럽이 샤프하게 돌아가고, 임팩트 때 헤드가 잘 흔들리지 않는 낮은 토크의 단단한 샤프트가 맞는다. 또한 샤프트가 단단하면 타감이 손에 스트레이트하게 전달된다. 즉 그만큼 자신의 의도가 클럽에 잘 전달된다는 이야기이다.

역으로 말하면 토크가 높은 샤프트는 둔감한 만큼 미스 샷에 상하다고 할 수 있다. 스윙 템포가 평범한 골퍼라면 토크 4, 천천히 치는 골퍼라면 5 이상이 적당할 것이다.

샤프트의 성질을 나타내는 기준에 '킥 포인트'도 있다. 이것은 임팩트 시에 샤프트의 어느 부분이 가장 많이 휘는가를 나타내는 것이다. '로 킥 포인트'는 끝부분이 부드럽기 때문에 임팩트 시 끝부분이 잘

휘고, '하이 킥 포인트'는 '로 킥 포인트'만큼 끝부분이 휘지 않는다. '미들 킥 포인트'는 그 중간 정도가 된다.

일반적으로 '로 킥 포인트'의 샤프트는 임팩트 시 휜 샤프트가 돌아오려는 성질 때문에 헤드가 위를 향하기 쉬워서, 볼이 쉽게 뜬다. 볼을 잘 띄우지 못해 비거리가 많이 나오지 않는 애버리지 골퍼를 위한 샤프트라고 할 수 있다. 하지만 파워가 있는 골퍼가 '로 킥 포인트'의 샤프트를 사용하면 임팩트 때 헤드의 움직임이 과도하게 거칠어서 실수할 확률도 높으니 이때는 '하이 킥 포인트' 샤프트를 사용하는 것이 좋다.

최근에는 최신 드라이버를 구입해도 순정 샤프트가 맞지 않으면 샤프트만 교환하는(리샤프트) 골퍼들이 늘고 있다. 그만큼 아마추어 골퍼들도 샤프트가 드라이버의 비거리나 방향성에 미치는 영향이 크다는 것을 실감한다는 얘기이다.

지금까지의 이야기를 종합하면

- 헤드 스피드가 느리다 ········ R   높은 토크   로 킥 포인트
- 헤드 스피드가 보통 ·········· SR   중간 토크   미들 킥 포인트
- 헤드 스피드가 빠르다 ········ S   낮은 토크   하이 킥 포인트

로 정리할 수 있다. 그러나 이것은 어디까지나 참고 사항이다. 샤프트의 종류는 몇백 가지가 있고, 스펙이 비슷한 듯해도 미묘하게 차이가 있다. 또 헤드 스피드뿐 아니라 스윙 템포와 리듬도 샤프트와 궁합을 결정하는 중요한 요소가 된다.

결국 샤프트가 맞는지 맞지 않는지는 실제로 볼을 쳐보지 않으면 알 수 없다. 골프 숍이나 샤프트 브랜드의 시타실을 이용해 반드시 자신에게 맞는 샤프트를 찾아보자.

드라이버 이외의 클럽은?

머리가 좋은 골퍼 드라이버와 무게 차이를 생각해서 고른다
머리가 나쁜 골퍼 가벼운 아이언을 골라서 팔로 치는 습관이 생긴다

자, 당신은 자신에게 딱 맞는 드라이버를 구입했다. 하지만 이것으로 만족해서는 안 된다.

골프는 14개의 클럽을 사용하는 게임이다. 드라이버와 궁합이 아무리 잘 맞아도 드라이버를 제외한 13개 클럽과 궁합(매치)이 좋지 않으면 '드라이버는 잘 맞지만 아이언은 별로'가 되고 만다.

그렇다고 클럽 매치를 너무 어렵게 생각할 필요는 없다. 요컨대 클럽의 무게 차이가 적절하면 된다.

공식은 다음과 같다.

· 페어웨이 우드 ········ 드라이버 + 5~10g

- 유틸리티 ········ 드라이버 + 40~50g
- 아이언(5번) ········ 드라이버 + 80~100g

어떤 클럽이든 드라이버보다 무거워야 하는데, 그 이유는 드라이버보다 샤프트가 짧기 때문이다(샌드 웨지가 모든 클럽 중에서 가장 무거운 것은 샤프트가 가장 짧기 때문이다). 그렇지 않다면 모든 클럽을 같은 리듬으로 치기 힘들 것이다.

또 아이언의 중량에 차이를 두는 것은 프로나 상급자일수록 아이언 샤프트가 무거워지는 경향이 있기 때문이다.

아이언은 거리보다 방향성이 중요하다. 무거운 샤프트의 아이언은 팔로 칠 수가 없기 때문에 스윙 플레인이 안정되어 방향성이 좋아진다. 또 '무거운 볼'이 되기 때문에 바람에도 강하다.

애버리지 골퍼 중에 아이언은 가벼운 카본 샤프트를 사용하는 사람이 많은데, 그로 인해 팔로 치는 스윙을 구사하는 사람이 적지 않다. 아이언도 휘두를 수 있는 범위 내에서 무거운 클럽을 선택하는 것이 최상이다.

실제로 아이언 샤프트를 카본에서 스틸로 바꾸면서 팔로 치는 스윙 습관을 고쳤다는 사람이 많다.

요즘은 가벼운 스틸 샤프트도 많이 나온다. 스틸은 무리라고 지레 포기하지 말고 한번 살펴보는 것이 좋겠다.

롱 아이언은
더 이상 필요하지 않다?

머리가 좋은 골퍼 허세를 버리고 페어웨이 우드와 유틸리티를 사용한다

머리가 나쁜 골퍼 롱 아이언을 완벽하게 사용하는 것에 집착한다

요즘 클럽을 세팅하는 여자 프로 가운데 아이언은 5번 혹은 6번부터 시작하는 골퍼가 늘고 있다. 남자 프로 중에서도 과거엔 '프로의 증명'이다시피 했던 2번 아이언을 넣는 사람은 손에 꼽을 정도다. 가타야마 신고처럼 이른 시기에 7번 우드를 무기로 삼은 프로도 있다.

이유는 두 가지. 하나는 아이언의 스트롱 로프트화[13]가 발전해 요즘은 5번 아이언이라도 로프트가 24도나 되어 과거의 4번 아이언과 다름없는 로프트의 아이언이 늘어났기 때문이다.

---

[13] 아이언의 스트롱 로프트화: 각 아이언의 로프트가 작아지는 것. 그것만으로도 비거리가 늘어난다.

또 한 가지는 페어웨이 우드와 유틸리티가 진화해 롱 아이언을 대신할 수 있기 때문. 페어웨이 우드와 유틸리티는 헤드 스피드가 낮아도 롱 아이언처럼 볼을 띄워주고, 스핀양도 늘어난다. 즉 그린에서 잘 멈춰 선다.

과거의 4번 아이언(스트롱 로프트화가 진척된 요즘이라면 5번 아이언)은 헤드 스피드가 40m/s 정도의 애버리지 골퍼라면 팔이 늦게 내려와서 슬라이스가 난다. 제대로 맞아도 볼이 뜨지 않고, 런만 늘어난다. 이렇게 되면 그린을 노리기는 힘들다.

따라서 여자 프로 골퍼들이 롱 아이언을 빼고 페어웨이 우드와 유틸리티를 사용하는 것은 어쩌면 당연한 일이다. 남자 아마추어 골퍼들도 허세를 버리고 여자 프로를 본받는 것이 어떨까.

다만 스트롱 로프트화된 아이언은 피칭 웨지의 로프트가 44도 전후가 많기 때문에, 과거의 9번 아이언보다 거리가 나간다.

보통 110야드 이내라면 피칭 웨지 → 어프로치 웨지 → 샌드 웨지의 순서로 거리를 나누는데, 어프로치 웨지의 로프트가 52도, 샌드 웨지가 56도라고 하면 피칭 웨지와 어프로치 웨지 사이가 8도나 비게 된다. 이렇게 되면 거리 컨트롤이 어렵기 때문에 48도 웨지를 넣는 골퍼도 많다.

이것으로 웨지를 4개 사용하는 체재가 갖춰진다. 3~4번 아이언을 사용하지 않게 되었으니 웨지가 하나 늘어도 문제가 없다.

아이언 선택은 신중하게

머리가 좋은 골퍼 아이언은 '라이각'을 체크한다
머리가 나쁜 골퍼 도구의 성질을 파악하지 못해 폼이 망가진다

아이언을 고를 때 헤드의 경우 '캐비티백인지 머슬백인지', '스테인리스 스틸 주조인지 연철 단조인지', '스트롱 로프트인지 노멀 로프트인지', '카본 샤프트인지 스틸 샤프트인지'를 생각하게 된다(모두 전자가 애버리지 골퍼용).

그러나 골퍼의 레벨과 상관없이 잊어서는 안 되는 것이 '라이각'이다. 이것이 맞지 않으면 볼을 원하는 곳으로 보낼 수 없다.

'라이각'이란 헤드를 지면에 바르게 놓았을 때 샤프트의 경사각을 말한다(보통 60도 전후). 즉 라이각이 크면 그만큼 샤프트가 서게 되므로(업라이트가 되므로), 그립 위치가 높아지고 이것은 키가 큰 사람에게

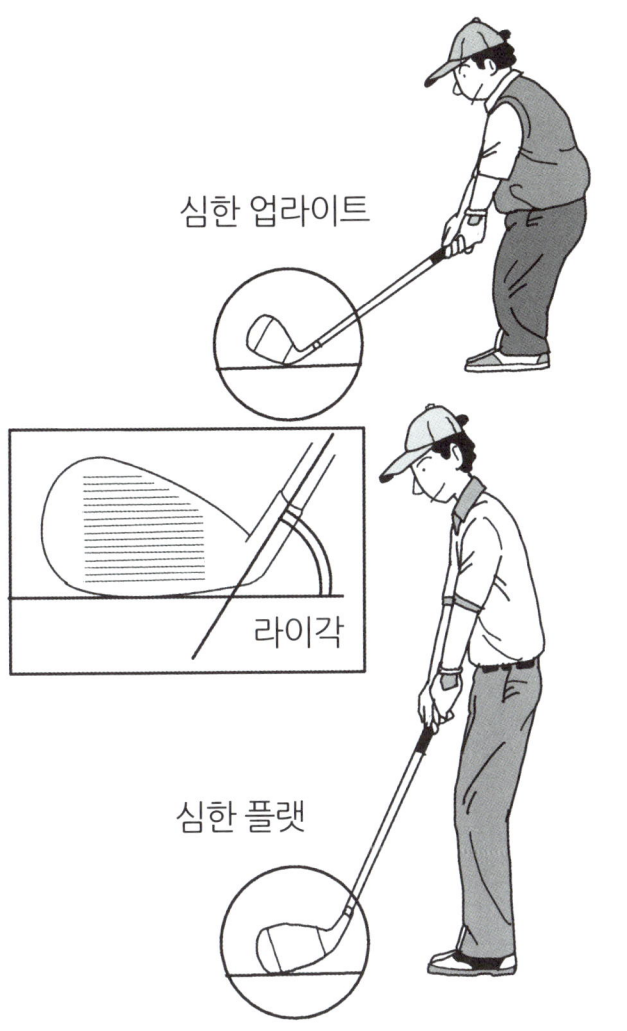

현명한 골퍼는 '라이각'까지 생각한다. 라이각이 너무 크면 헤드의 앞부분이 떠서 페이스가 왼쪽을 보게 되고, 볼도 왼쪽으로 가기 쉽다. 반대로 라이각이 너무 작으면 볼이 오른쪽으로 가기 쉽다.

맞는다는 얘기가 된다. 반대로 라이각이 작으면 그만큼 샤프트가 눕게 되므로 그립의 위치가 낮아지고 키가 작은 사람을 위한 클럽이 된다.

그렇다면 당연히 같은 클럽이라도 다양한 라이각이 있으면 좋을 법한데, 제조 과정이 복잡한 탓인지 클럽 메이커는 한 종류의 라이각 클럽만 발매한다.

그렇다면 신장이나 스윙 습관으로 보아 라이각이 너무 큰 아이언을 사용하면 샤프트가 눕는다 → 임팩트 때 토(헤드 끝)가 뜬다 → 페이스 가 왼쪽을 향한다 → 볼도 왼쪽으로 간다와 같은 흐름이 되기 쉽다.

반대로 라이각이 너무 작은 아이언을 사용하는 사람은 샤프트가 선다 → 임팩트 시 힐(클럽의 뿌리)이 뜬다 → 페이스가 오른쪽을 향한다 → 볼도 오른쪽으로 간다와 같이 될 것이다.

라이각이 자신과 맞느냐 맞지 않느냐는 아이언 샷의 구질만이 아니라, 아이언의 솔을 보면 대략 알 수 있다. 토 쪽에 상처가 많이 났다면 라이각이 너무 작다는 증거. 힐 쪽에 상처가 많다면 라이각이 너무 크다는 증거다.

프로는 모두 자신의 체형과 스윙에 맞춰서 라이각을 조정한다. 그렇다면 누구나 바꿔볼까 생각하겠지만, 라이각의 조정은 넥 부분이 부드러운 연철 단조 헤드만 가능하다. 프로와 상급자가 연철 단조 아이언을 즐겨 찾는 데는 이런 이유도 있을 것이다.

그립의 세계는 심오하다

머리가 좋은 골퍼 재질과 두께, 무게뿐 아니라 장착 방법까지 세심하게 신경 쓴다
머리가 나쁜 골퍼 위화감이 있지만 같은 그립을 계속 사용한다

골프 실력이 늘면 늘수록 점차 그립에 까다로워진다. 그립은 클럽과 골퍼의 손을 연결해주는 유일한 부분이다. 아무리 '팔로 치기'는 금지라 해도, 그립의 필링에 위화감이 있다면 나이스 샷을 기대하기 힘들 것이다.

그립의 종류와 특징을 살펴보자.

【무게】

30~55g 정도의 차이가 있다. 그립의 무게를 바꾸면 클럽의 무게와 균형도 달라진다.

【재질】

- 러버 그립 ········ 고무 제품으로, 잡았을 때의 감촉이 부드럽다.
- 코드 그립 ········ 고무 제품이지만 표면에 코드(실)가 있어서 잡았을 때 감촉이 단단한 편. 땀과 비에 약하다. 하드 히터용.
- 하프 코드 그립 ········ 러버와 코드 부분이 반반인 그립.

【백 라인의 유무】

- 있음 ········ 그립 뒷면이 약간 돌출되어 있어서 그립감이 좋다. 백 라인을 일부러 경사지게 넣어서 자연스럽게 스트롱 그립 혹은 위크 그립으로 조절할 수도 있다.
- 없음 ········ 라운드 그립이라 불리는 둥근 형상의 그립. 페이스를 열거나 닫을 때도 위화감이 없다. 한때 라운드 그립의 브랜드 마크를 뒤로 붙여서 골퍼의 눈에 띄지 않게 하는 것이 유행했다. 타이거 우즈가 유행의 시초였다는 얘기가 있다.

【굵기】

표준은 M60(M은 남성, 60은 그립의 내경이 0.60인치라는 의미).

그 밖에 M58, M62 등이 있다. M58은 그립 자체가 두껍기 때문에 샤프트에 장착하면 M60보다 두꺼워진다. M62는 얇아진다.

또 그립을 장착할 때 아래위로 잡아당길수록 그립 부분이 얇아진다. 그립 장착 시 부착하는 베이스 테이프의 두께에 따라서도 그립의 두께를 조절할 수 있다. 일반적으로 두꺼운 그립은 손목을 사용하기 어렵기 때문에 슬라이스를 유발하기 쉽고, 얇은 그립은 손목이 자유로운 편이라 훅이 나기 쉽다고 한다.

이상의 특징을 기억해두고 자신에게 맞는 베스트 그립과 장착 방법을 선택하기 바란다.

또 그립은 더러워지고 해지기 쉬운 소모품이기도 하다. 라운드가 끝나면 물걸레로 오염 물질을 제거하고 마른 천으로 깨끗하게 닦아준다. 젖은 채 방치하면 고무 부분이 딱딱해진다.

표면의 요철이 닳고 조금이라도 미끄러진다 싶으면 그립이 수명을 다한 것이다. 새것으로 곧바로 바꿔주는 것이 좋다(익숙해지면 직접 교체할 수 있다).

* * *

여기까지 이 책을 읽은 당신은 이제 '머리가 좋은 골퍼'에 한 걸음 크게 다가서게 되었을 것이다. 어서 클럽을 손에 쥐어보기 바란다. 지금까지와는 확실히 다른 자신을 발견할 수 있을 것이다.

이 책은 《굿바이 쓰리퍼팅》의 속편으로 만들었다. 본서에도 퍼팅에 대해 일부 설명하고 있지만, 기술론을 포함한 퍼팅의 모든 것에 대해 자세히 알고 싶은 분은 한번 읽어보시길 권한다. 설명이 필요 없는 얘기지만, 스코어의 반은 퍼팅으로 결정된다. 본서와 함께 읽어보시면 골프 실력이 극적으로 향상될 것이다.

누구나 10타 줄이는 골프 레슨
머리가 좋은 골퍼 나쁜 골퍼

초판 1쇄 발행 2018년 6월 20일

지은이 라이프 엑스퍼트
옮긴이 서영
펴낸이 명혜정
펴낸곳 도서출판 이아소
디자인 황경성
교 정 정수완

등록번호 제311-2004-00014호
등록일자 2004년 4월 22일
주소 04002 서울시 마포구 월드컵북로5나길 18 1012호
전화 (02)337-0446 **팩스** (02)337-0402

책값은 뒤표지에 있습니다.
ISBN 979-11-87113-26-3 13690

도서출판 이아소는 독자 여러분의 의견을 소중하게 생각합니다.
E-mail: iasobook@gmail.com

이 도서의 국립중앙도서관 출판예정도서목록(CIP)은 서지정보유통지원시스템 홈페이지(seoji.nl.go.kr)와
국가자료공동목록시스템(nl.go.kr/kolisnet)에서 이용하실 수 있습니다. (CIP제어번호 : CIP2018014416)